人文社科

高校学术研究论著丛刊

国际视野下高校学生事务管理发展研究

孙小龙 沈红艳 江玲玲 著

中国书籍出版社
China Book Press

图书在版编目(CIP)数据

国际视野下高校学生事务管理发展研究 / 孙小龙，沈红艳，江玲玲著. —北京：中国书籍出版社，2019.2
ISBN 978-7-5068-7242-3

Ⅰ. ①国… Ⅱ. ①孙… ②沈… ③江… Ⅲ. ①高等学校—学生工作—研究 Ⅳ. ①G645.5

中国版本图书馆 CIP 数据核字(2019)第 034322 号

国际视野下高校学生事务管理发展研究

孙小龙　沈红艳　江玲玲　著

丛书策划　谭　鹏　武　斌
责任编辑　成晓春
责任印制　孙马飞　马　芝
封面设计　东方美迪
出版发行　中国书籍出版社
地　　址　北京市丰台区三路居路 97 号(邮编：100073)
电　　话　(010)52257143(总编室)　(010)52257140(发行部)
电子邮箱　eo@chinabp.com.cn
经　　销　全国新华书店
印　　刷　三河市铭浩彩色印装有限公司
开　　本　710 毫米×1000 毫米　1/16
印　　张　16
字　　数　207 千字
版　　次　2019 年 9 月第 1 版　2019 年 9 月第 1 次印刷
书　　号　ISBN 978-7-5068-7242-3
定　　价　70.00 元

目　录

第一章 高校学生事务管理概述

高校学生事务管理是高校管理的一个重要组成部分，也是高校思想政治教育工作的有机构成与开拓延伸。进入 21 世纪以来，随着高等教育的进一步普及，大学生的数量急剧增多，但由于高校学生管理工作发展滞后，广大学生在日常生活和学习中出现了各类新情况，新问题，影响其健康发展和未来成才。因此，做好高校学生事务管理工作已迫在眉睫。

第一节 高校学生事务管理的基本内涵

一、高校学生事务管理的概念

高校学生事务管理这一概念最早出现在美国，它随着美国高等教育的发展及其对世界高等教育教育的影响而逐步被广泛接受。高校学生事务管理是一个历史的、动态的概念，随着社会经济的发展以及高校学生事务管理实践的开展等不断得到完善。在这里，以当代社会的发展实际以及高校学生事务管理工作的现状为基础，对高校学生事务管理进行界定。

所谓高校学生事务管理，就是“高校的专门组织和学生事务管理者依据国家的法律、政策和人才培养目标，在一定的学生事务管理价值观指导下，运用相关专业知识和技能，合理配置资源，提供为促进学生发展所必需的学生事务的组织活动过程"①。对高校学生事务管理的这一概念进行深入分析，可以发现其包含以下几方面的内容。

第一，高校学生事务管理的主体是专门组织（学生工作处、校团委、院系学生工作组等）和学生事务管理者。从纵向看，学校专门组织分为校院两级机构，学生事务管理者可分为高层（校领导）、中层和基层人员（如辅导员、相关科室人员）；从横向看，专门组织可按职能进行设置（如就业办、招生办、资助管理科、学籍管理科、宿舍管理办公室等）；学生事务管理者可分为专职人员、兼职人员，或由管理者授权、聘任的参与管理的学生及其他人员。

第二，高校学生事务管理的客体是主体施加影响的人和事，既指学生又指与之相关的学生事务。

第三，高校学生事务管理既以高校学生为出发点，也以高校学生为最终归宿。因此，促进学生发展是学生事务管理的核心价值和重要使命。

第四，高校学生事务管理的组织活动过程主要是指高校学生事务管理的主体按照各自的管理职能，运用一定的管理方法和资源所进行的实际活动。其过程一般由计划、领导、实施、评估等环节构成。

第五，高校学生事务管理要求管理者必须具备学生事务管理的专业知识和技能。

二、高校学生事务管理的地位

高等教育以及高校的顺利发展，与学生事务管理的开展状况有着极为密切的关系。这可以说是对高校学生事务管理地位的生动描述，具体表现在以下几个方面。

---

① 吴惠．顺理举易：高校学生事务管理理论与实务[M]．北京：中央编译出版社，2012：3.

（一）高校学生事务管理承担着完成大学使命的责任

所谓大学使命，主要涉及两方面的内容：一是大学得以存在的理由，即能否为社会做贡献；二是大学所积极追求的价值。通常来说，大学使命的所指是极具概括性的，表明的是大学的未来及其永恒追求。当代的大学在社会发展中起着越来越重要的作用，并承担着多样化的社会责任，如开展教育活动、进行学术研究、进行文化传承与创新等。此外，当代的大学具有对优质的社会公民进行培育的使命，而且需要在出现社会问题或是社会的发展遭遇挑战时与社会大众一起承担解决问题与迎接挑战的责任。

此外，在高校的历史发展过程中，大学使命会伴其始终，并对高校的各项工作与活动等给予有效的指导。因此，高校在进行学生事务管理时，也必须自觉地遵循并积极完成大学使命。为此，高校要注意通过活动参与以增进学生全面发展或社会生活基本能力（如领导、活动规划与执行、问题解决能力等），切实促进学生发展。

（二）高校学生事务管理制约着高校学术研究职能的发挥

在高校的职能中，学术研究职能是十分重要的一个方面。而高校在促进学生的全面发展时，不能忽视对学生的学术研究能力的培养。高校只有立足时代发展以及国家对新知识、新技术的需求，注重培养大学生的科研创新能力，才能在不断增强大学生的社会竞争力的同时，增强我国整体科技实力。为此，高校学生事务管理部门与其他相关部门共同建立起一套完善的模式，以促进本科生的科研和创新，同时激励更多的教师参与指导本科生科研与创新活动。

近年来，我国高校学生事务管理部门（校团委、各院系学工组等）对于培养大学生的学术研究能力越来越重视，为此经常举办大学生课外学术科技创新活动。如今，这一活动受到了越来越多企业的关注，它们积极参与其中，以期在帮助大学生研究学术理论和科技发明的同时，促进自身的不断发展。

通过上面的论述可以知道，高校有效地开展学生事务管理工作，对于高校学术研究职能的发挥有着重要的作用。

（三）高校学生事务管理影响着高校人才培养的效果

高等教育不论处于哪一发展阶段，其核心任务都是培养人才。因此，在高校管理层面，学生事务管理作为直接作用于学生的管理、指导和服务性工作，作为引导学生健康全面发展的重要手段，被放在了越来越突出的地位。

在20世纪70年代，美国高校已逐渐认识到将学术事务和学生事务有机融合在一起的重要性，并认识到两者可以围绕着学生的学习与发展进行多方面的交流与合作。当前，美国的所有高校都极为重视学生事务管理工作，不仅设置了专门的学生事务管理部门，赋予它们强大的管理职能，而且明确规定学生事务管理人员也是高等教育的教育者，与学术性人员处于相同的地位，都需要承担起促进学生健康成长的责任，努力培养合格的人才。

对于将高校学术事务与学生事务联系在一起的重要性，我国高校自20世纪90年代中期以后才逐渐有所认知，并日益将学生事务管理作为高校实现人才培养目标的一个重要途径。具体来说，高校学生事务管理注重创设良好的校园环境与学习氛围等，促使生活其中的学生能够在多方面有所发展，如情感方面、道德方面、学习方面等，最终帮助高校实现其人才培养职能。

（四）高校学生事务管理制约着高校社会服务职能的深化

在高校的职能中，服务社会也是一项重要职能。伴随着社会经济的发展以及高等教育改革的不断深入，高校为社会提供服务也有了日益多样化的内容与形式。其中，科研和教育活动是高校服务社会的最主要形式。除此之外，高校还可以作为社区成员，为社会提供直接服务。如此一来，高校便可以通过开展公共教育活动、社会服务活动等，为地区的发展做出直接贡献。与此同时，高校积极参与社会服务，可以使更多的大学生直接参与到社会建设之中，这不仅能帮助大学生更好地认识社会，而且能推进大学生的社会化进程；不仅能帮助大学生将所学的知识运用到实践之中，而且帮助大学生更好地利用校外资源来完善自己。总之，高校通过开展学生事务管理工作，能够不断深化自身为社会服务的职能。

（五）高校学生事务管理是传播与创造大学文化的重要载体

对于每一个国家来说，高校都是其重要的文化源泉。同时，高校在先进文化的继承、发扬与繁荣方面，发挥着极为重要的作用。

大学文化，简单来说就是大学生的师生与管理者共同创造并一代代传承下来的一切精神成果，其核心涉及价值观念、价值取向和价值判断等方面。大学文化不仅体现着高校的传统、高校的校风，而且是高校与其他社会组织相区别的重要标志。同时，大学文化是大学的灵魂与精神所在，对于大学的生存与发展起着根基的作用。

大学文化要想充分发挥出自己的价值，需要积极创造一种具有教育作用的大学环境，使身处其中的大学生能够在潜移默化中得到思想教育与情感陶冶，继而得到全面发展。而高校学生事务管理，从某一角度来说就是借助于一定的管理手段、管理方法等，帮助学生将大学的文化内化为个体文化，继而使学生获得多方面的健康发展。具体来说，高校学生事务管理者在这一过程中采取的管理手段、管理方法主要有以下几个。

第一，制定科学且合理的高校学生事务管理制度，并积极构建民主、开放、宽松的校园环境。

第二，积极开展多样化的大学生活动，以促进大学理念与精神的不断传承与发展。

第三，通过展现积极进取的管理理念与服务行为，对大学生的人生态度、行为方式等进行潜移默化的影响，帮助其最终形成良好的人格品质。

第四，积极吸引大学生参与到校园文化建设之中，以促进大学文化的不断丰富与发展。

三、高校学生事务管理的价值

对高校学生事务管理的价值进行探讨，有助于高校以及高校学生事务的管理者明确其工作的任务与价值，从而更有效地开展管理工作。具体而言，高校学生事务管理的价值有以下几个。

（一）能促使学生的生活适应性大大增强

高校在开展学生事务管理时，通过为学生提供多样化、多功能的指导、管理与服务，可以大大促进学生的生活适应性。具体来说，这些指导、管理与服务主要包括生理、心理、宗教、休闲活动等符合个体发展需求的服务及增进学生自我了解、情绪管理、职业辅导、两性关系等与学生整体发展相关的服务。通过新生入学辅导、宿舍管理、日常行为规范和奖惩管理及心理咨询等途径，促进学生校园生活的适应性；通过大学生职业生涯辅导，包括就业宣传、职业生涯咨询、就业教育、就业技巧培训、为招聘提供服务，甚至包括毕业后必要的生活技巧与态度的养成等，使学生积累更多社会经验，更能适应社会需求，增强其社会生活的适应性。

（二）能提高学生的道德素养

高校学生事务管理在学生道德成长方面同样具有重要的价值，学生事务管理者往往是学生在高校认识接触的第一个、也是最持久的人，他们的一言一行会对大学生产生重大影响。因此，学生事务管理者不仅必须展示自己良好的道德品性，而且必须为确保学生明白和理性地遵守道德、法律担负起相应责任；要善于培养学生对于其他人和事物的敏感性和理解力，帮助学生观察和理解对各种事件和行为的复杂多样的解释及其观点；促进大学生以多元文化的眼光分析和综合问题，并采取相应的有效行动的能力，从而不断促进学生的道德成长。

（三）能促进学生的智力发展

发展学生的智力，也是高校学生事务管理应有的价值。具体来说，高校学生事务管理通过鼓励学生积极参加多种多样的活动和项目来培养学生多方面的能力，关注学生的知识积累。未来学生事务管理的重心并不是提供传统的服务和支援计划，而是注重学生的学习成果和个人的发展。因此，高校学生事务管理部门应与学校教学管理部门、科技管理部门等通力合作，探讨和实践在课外活动过程中培养学生多方面能力的可能性；让不同层次的学生有不同程度学习、生活的自主权和选择权，鼓励学生参与学校、学院事务；设计与营造出有利于不同特质学生成长、不同技能培养的多维生活场景，借以培养学生的探索精神和创造能力。不断发展学生的智力，促进学生的全面发展，这种发展包括认知、情感、行为及意义建构等过程，从而最终达到知识的建构、意义的建构和社会自我的建构。

（四）能促进社会核心价值的传承

一个组织最基本和持久的信念，主要是通过其核心价值体现出来的。社会核心价值是任何一个社会最根本、最核心的社会意识形态。一个社会虽然复杂，但其核心价值是明确的。

就现代社会而言，民主、科学、法治就是核心价值。价值多元、价值冲突是一种现实存在，中西价值、新旧价值之间是有冲突的，不同的价值主体的存在更是导致价值冲突存在的现实基础。但高校学生事务管理不是简单地要消除冲突，而是鼓励多元存在，应该在价值冲突中把握核心价值，不能让社会的核心价值迷失于冲突之中。我国高校学生事务管理要为传承社会主义核心价值而尽责，只有如此，高校学生事务管理与政治以及其他社会因素之间的关系才能不断处于良性的循环之中，高校学生事务管理的价值才能最终实现。

四、高校学生事务管理的任务

对于我国大多数高校来说，学生事务管理的任务是基本相同或相似的，涉及学生、学校和社会三个方面。

（一）学生方面的任务

高校学生事务管理对于学生而言，需要完成以下几方面的任务。

第一，帮助学生尽可能在较短的时间内对大学生生活予以良好的适应，并积极引导大学生形成健康的生活方式。

第二，帮助学生在面对各类问题时，能做出准确的判断与选择。

第三，帮助学生形成良好的团队意识，并学会如何与他人形成良好的人际关系，以及如何有效处理人际交往中出现的各种问题。

第四，帮助学生获得各种有利资源，以顺利完成学业。这里所说的有利资源，包括奖助学金以及勤工助学岗位等。

第五，积极开展各种活动来提高学生的素质，促进学生的全面发展。

第六，帮助学生确立目标、完成学业，获得进一步发展的机会。

（二）学校方面的任务

高校学生事务管理对于学校而言，需要完成以下几方面的任务。

第一，对学校的价值观、政策等进行有效维护。

第二，通过提供与学生相关的信息，帮助学校更好地制定或修改相关政策或制度等。

第三，积极参与学校的管理，为学生制定科学的决策以提供支持。

第四，对与学生相关的人力、财力等资源进行有效的管理。

第五，通过经常向学校反映学生的学习、生活等状况，帮助学校不断改进自己的教育、管理、服务等方式，从而更好地对人才进行培养。

第六，制定有助于校园安全和稳定的政策和方案，维护学校的稳定。

第七，通过对学校制定的学生行为准则的执行与完善，展现出学校的价值观念，包括学校的办学指导思想、学校的管理理念等。

第八，对各种可能的突发事件进行预防与及时处理，从而分担学校的一部分管理重担。

第九，积极开展与学生工作相关的各类活动，不断提高学生工作人员的专业化水平。这对于提高学校的整体管理水平也是极为有帮助的。

第十，及时处理师生、生生之间出现的问题与矛盾，帮助他们形成和谐的人际关系。这对于学校的稳定和和谐发展是极为重要的。

（三）社会方面的任务

高校学生事务管理对于社会而言，需要完成以下几方面的任务。

第一，引导学生对党的基本路线予以正确理解，并积极拥护党的基本路线。同时，要教会学生如何对与党的基本路线相违背的错误倾向进行辨别与有效抵制，从而更坚定地坚持中国特色社会主义道路。

第二，帮助学生了解中国的历史和国情，继承和发扬中华民族优秀文化传统和中国共产党领导下的革命斗争传统。教育学生要有民族自尊心和自信心；自觉维护祖国的荣誉、独立统一和各民族的大团结;把个人利益与国家利益联系起来,视国家利益为最高利益,立志为实现我国社会主义现代化建设战略目标而奋斗,做一个忠诚的爱国者。

第三,帮助学生努力学习马克思列宁主义、毛泽东思想和建设中国特色社会主义理论等重要思想,逐步学会运用辩证唯物主义和历史唯物主义的立场、观点、方法,分析现实社会生活中的政治、经济、文化、道德现象,识别各种社会思潮,正确认识人类社会历史发展的客观规律。

第四,帮助学生树立社会主义道德和民主法制观念。引导学生自觉维护和遵守中华人民共和国宪法和法律;正确行使法律所赋予的民主权利,自觉履行法律所规定的义务,知法、守法、用法,维护学校和社会的稳定;具有较强的道德判断和选择能力。

五、高校学生事务管理的内容

就我国来说,高校学生事务管理的内容大致需要包含以下几类。

(一)思想政治教育

在高校学生事务管理中,思想政治教育是一项十分重要的内容。这是基于我国高校学生事务工作实际,充分考虑国情的选择。思想是行动的指南,因此,思想政治教育是高校学生事务管理中的重中之重。做好政治引领,增强学生政治认同感,坚定理想信念,以及对学生进行良好的人格塑造是思想政治教育这类事务中的两项重要内容。

1. 政治引领

加强对大学生的政治引领是社会主义大学本职属性的要求,也是大学生全面发展的需求。政治引领主要包括政治认同教育、形势政策教育、党团建设三个方面。通过课堂知识传授和社会实践，让学生了解国情、党情、社情、民情，使学生从心底认同中国特色社会主义道路、理论、制度的优越性，正确认识中国的发展现状，正视在经济全球化中机遇与挑战并存的现实。

2. 人格塑造

现代社会对当代大学生人格发展提出了新的要求，要求大学生自主自强，拥有崇高的理想和信念，具备适应社会环境的能力、创新精神、合理的知识智能结构。人格塑造可细化为人生观教育、品性教育、审美教育、劳动教育、自我认知与发展教育、心理健康教育六项具体内容，这六项内容共同构成了一套完整的人格塑造体系。

（二）学生发展支持

在高校学生事务管理中，学生发展支持也是一项重要内容，具体包括以下几方面。

1. 学习支持

高校充分借助专业教师、管理人员、专职辅导员及高年级学生帮助大学生学会学习、热爱学习，提高学习素质和学习能力，养成良好的自主学习习惯，这便是大学生学习支持服务。大学生学习支持服务的根本目的与任务就是要引导学生从一进校就开始认真思考并努力回答“什么知识最有价值”和“如何学习更有成效”等学习的基本问题，帮助学生尽快确立起符合时代要求的学习观念，明确学习目标，挖掘学习资源，创新学习方式，调适学习心理，从而能顺利有效地完成大学学业，为一生的学习生涯和职业生涯打下坚实的基础，进而让大学学习真正成为终身学习的基础和新的起点。学习支持是学习观念、目标、内容、方式、手段和学习心理等内容的全方位全过程的系统学习指导。它具有学生学业过程的服务功能，学优学生的拓展功能，学困学生的帮扶功能，教学互动的促进功能。

2. 成长辅导

高校在开展学生事务管理时，对学生成长进行辅导是在适应新形势下学生需求多样化的一种新的教育模式，是着眼于学生的内在发展潜能，即根据个体差异，充分地引导、唤醒和鼓舞，使每个学生的潜能得到最大限度的开发。它是教育教学的有益补充，也是提高人才培养质量、促进学生全面发展的重要举措。成长辅导涉及大学生成长成才的方方面面，包括新生辅导、生涯辅导、学业辅导、情感辅导、就业指导、生涯辅导、心理辅导、留学辅导等。

3. 素质拓展

所谓素质拓展，就是以培养在校大学生的思想政治素质为重要核心，以培养在校大学生的创新能力与实践能力为重点，以全面提高科学素质和人文素质为目的，根据现代人力资源开发的思想及理念，为大学生的综合素质培养进行科学的规划、个性化培养和综合性开发的工程。它具有全员性、全程性、导向性、实践性、自主性的特征。根据素质拓展的宗旨和目的，凝练出素质拓展的几项基本内容，即通识教育、创新创业教育、课外实践、社团活动、情商培养、领导力培养、交往能力培养、国防生军政素质培养等。

(三)日常事务管理

这里所说的高校日常事务管理，主要包括以下几方面的内容。

第一，招生注册。可细化为招生管理、迎新工作、学籍注册管理、学历学位信息服务四个专项，由招生注册办公室负责。

第二，生活服务。可细化为住宿服务与园区管理、健康服务、文体服务、民族生服务四个专项，由学生管理中心负责。

第三，行为规范管理。可细化为法律法规与纪律教育、行为规范与礼仪、学术规范、安全教育管理、突发事件处置、违纪处理与权益保护六个专项，由学生管理中心负责。

第四，奖励资助。可细化为评优评先、奖学金管理、家庭经济困难资助、勤工助学四个专项，由大学生奖励资助中心负责。

第五，毕业就业。可细化为就业教育、毕业典礼、就业市场建设、就业管理服务四个专项，由就业中心负责。

第六，注重学生的自我管理，使学生认识自我。

（四）学工自身建设

学工系统重在为以上三方面内容的实施提供有力的保障。具体来说，学工自身建设涉及以下几个方面。

1. 内务管理

内务管理包含制度与规范建设、运行机制、工作规划管理、经费与资源管理四个项目。制度与规范建设涉及学工系统内部不同层级，是学工自身建设能否实现的重要客观载体，既要考虑到员工自身利益，又要考虑到学生事务管理工作整体发展，综合"人"与"事"，才具有可行性。运行机制包含领导体制、工作机制、保障机制和控制机制。在学校对学工系统进行"顶层设计、整体联动"的基础上，设置扁平化的组织机构和工作机制，确保学工系统整体有效运行。工作规划管理和经费与资源管理是确保学生事务管理工作高效运行的重要前提和保障。

2. 队伍建设

提高专业技能、培养优良素质，是队伍建设的重要出发点和落脚点。这具体包括辅导员选拔与管理、岗前培训、专项培训、挂职与交流访学、教学与研究、学位进修等内容。这些内容是结合辅导员个人职业规划的角度设置的，从选拔与管理到岗前培训再到专项培训都着眼于辅导员角色的定位与工作技能的强化，挂职与交流访学、教学与研究、学位进修则是着眼于辅导员自身素质和专业技能的提高。

3. 考核评估

科学的考核评估需要遵循全面性、客观性、导向性、一致性、及时性原则。考核评估包括单位年度工作绩效考核、人员年度与聘期履职考核、人员职务与职称晋升考核、评优评先与典型选树、专项工作督导评估五个专项工作。单位年度工作绩效考核和人员年度与聘期履职考核是最基础的考核制度，人员职务与职称晋升考核是为一部分符合条件的人员设置的，以从业人员长期发展规划角度考虑有一定的激励作用。评优评先与典型选树是在一定时间节点横向范围内进行的，能起到模范引领和激励的作用，有助于提高每个员工的工作热情。专项工作督导评估是保障专项工作顺利实施的重要保障，这五项考核工作共同构成一个完整的评估体系，不可或缺。

第二节　高校学生事务管理的历史沿革

一、高校学生事务管理的发展历程

高校学生事务管理源于美国，其后传到世界很多国家，获得了迅速发展。纵观高校学生事务的发展历史，可以将其大致分为以下几个发展阶段。

(一)高校学生事务管理的萌芽阶段

高校在最初发展时，学术事务与学生事务并没有得到明确区分。比如，殖民时期，美国高校开始学生事务管理，当时是以父母权责论为指导的。在此影响下，高校的教员除了要承担起教师一职，还要承担起对学生的生活予以指导的责任，切实促进学生学习的提高以及思想道德品质的不断增强。此时的学生事务和学术事务自然合一，尚未区分。受基督教禁欲人性论影响，教育者强调对学生行为的控制，学校的主要功能在于监督、辅导，培养学生成为宗教上有道德的人。学生不成熟，需要教师如父母般监督、管理他们，教他们道德规范，为他们树立目标、安排活动，同时也给他们授课。学校对学生高度控制，也涉及保护，学生违反规范要受到惩戒。在这一期间，不存在“学生事务”的概念，学生管理工作在于对学生行为的控制，也涉及福利方面的工作，主要内容包括纪律、职业指导、健康、资助及住宿等。

德国在19世纪末时，对高等教育行了重大改革，即开始重视科学研究。德国大学重视学术活动，其结果之一便是将学生非学术领域的事务排除在高等教育的范围之外。欧洲古老国度发生的这一切，对美国产生了极大的影响。约翰·霍普金斯大学成为第一所真正建立德国模式的研究生院的美国大学，学生事务从学术事务中分离出来。这一变化的意义，美国学者给予了高度评价。学生事务概念的诞生，使学术事务和非学术事务的界限日益明显，学生事务在大学获得相对独立的地位，获得了自由发展的空间。

进入20世纪后，许多大学和校园设立了男学生事务院长和女学生事务院长。1901年，美国伊利诺依大学首次任命克拉克为男学生事务院长。随后，许多大学和学院纷纷设立男院长主管学生事务。知识增长的压力使教师全部注意力集中到学术领域，几乎所有大学都建立了负责学生事务的主任或副校长。结果，大学行政人员开始越来越多地管理学生活动，试图通过建造宿舍和制定选择性招生政策来规范学生的公共生活。与此同时，随着学生事务与学术事务开始分离，“学生人事”的概念应运而生。伴随着大学学生人数的扩张，美国大学和学院的学生事务实践纷纷展开，美国学生事务经历了从无到有、从有到专业化的过程。美国大学学生事务映射了美国大学的发展趋势，各种各样的学生事务领域的诞生，学生事务服务、咨询和管理相继建立起来。学生事务包括学生注册、心理咨询、就业指导、宿舍管理和课外活动、健康和医疗服务和心理咨询等。在这个时期，学生事务几乎等同于“指导”，主要提供使学生适应教室以外生活与学习的各种服务。

美国教育委员会委任的研究小组经过数年的研究，在 1937 年形成了《学生人事纲领》这一具有里程碑意义的报告。这一纲领重点放在学生的成长与发展上，首次对学生事务的哲学基础、目的、实践方法和未来发展方向做出说明。其主要观点就是要把学生当作完整的独立的个体，此观点影响了后来的学生事务管理实践。

（二）高校学生事务管理的专门化发展阶段

第二次世界大战后，随着大学之门越来越敞开，大量平民子弟进入大学。这样，大学招生人数的逐渐增加，大学神秘的面纱被揭开，大学平民化了。于是，高校学生事务管理面临严峻的考验，学生运动风起云涌。自 20 世纪 50 年代开始直至 20 世纪 70 年代末，美国大学学生事务逐步走向成熟和完善，涉及招生和注册、学业指导、个人咨询、健康服务、住宿管理、学生活动、经济资助、就业指导以及纪律管理等内容。与此同时，随着学生多样化需求的增加，“学生服务”成为高校学生事务的核心理念。此时的高校学生事务管理强调学生事务符合个体发展需求，这促使学生事务管理进一步朝专门化发展。

在高校学生事务管理发展的这一阶段，高校学生事务专业人员试图以多元化的角色应对挑战，承担起学生引导者的责任，敏锐了解学生需求，帮助学生适应社会和参与社会事业；学生顾问则为学生提供咨询服务。学生事务被视为学校管理的中层领域，高层管理者和学生都希望学生事务管理部门能够承担起沟通上下，促进交流的功能。更为重要的是，这一时期学生事务管理部门的功能和作用在各校之间存在差异，作为大学最高管理者的校长在其中发挥着决定性的作用。这一时期，美国高校强调学生服务方案的必要性，学生事务的范围明显扩大。服务的项目包括定向服务、人事记录的保存与运用、诊断与咨询服务、身心健康预防与辅导方案、阅读与读书习惯改进服务、膳宿服务、教育鼓励与督导有意义的团体活动、休闲活动方案、纪律的处置、财务资助、符合学生职业目标的就业辅导、外籍生辅导、已婚与预期结婚的学生咨询服务与教育计划的评价方案等。

自20世纪60年代末开始,高校学生事务管理的专业化要求不断增多。为了实现这一要求,高校学生事务管理者越来越注重提高自己的专业知识和专业能力,并将学生的学习、学生的成长、学生的心理发展等都纳入管理的范围。与此同时,随着学生群体日益多元化,高校学生事务管理的内涵也不断拓展,而且逐渐意识到学生在事务管理中的重要性。于是,"学生发展"这一概念被更多的学者所接受,并成为高校开展学生事务管理的一个重要理念。在这一理念的指导下,高校学生事务管理将学生视为平等的伙伴,越来越注重促进学生的发展,不仅主张学生事务管理应为学生的学习排除可能的障碍因素,而且主张通过开展学生事务管理为学生创造良好的校园环境。

(三)高校学生事务管理的融合发展阶段

自20世纪80年代以来,大学机构和学生群体呈现加速度变化,使得学生事务上的变化更加迫切。学生事务更加关注学生发展的重要作用,现代心理学、社会学、人类学的研究在大学校园环境中得到了具体运用。学生事务专业人员主张通过课外活动为学生提供学习多种技能的机会,促进学生的社会成熟度。学生事务和学生学业之间的关系在疏远,学生事务方面的活动和服务被认为是附加的和课外的,和学业课程之间没有必然的联系。对高等教育机构及其专业人员而言,始终希望把学生培养成全面发展的人,促进学生的社会生存和发展能力,进而为社会发展做出贡献。

高校学生事务管理的规模与范围,在这一时期也大为拓展,但是学生事务管理和学术事务还处于分离状态,地位上也远未平等。教师只负责在教室里教授学生专业知识,其他所有的工作几乎都由学生事务专业人员负责。此时的学生事务管理,一方面弘扬了学生服务的价值取向，肯定了学生学术以外需求的合理性，及其这些需求对学术发展的促进作用；另一方面对学生发展还缺乏系统和全面的认识，大学机构的首要任务仍然是强化学生的学习经验，学生发展仍处在次要的位置。

为了改变这一现象，美国高校着力进行了以“追求卓越”为目标、强调质量提升与绩效责任的教育改革。人们认为促进学生学习应该是高等教育中每一个人（包括学生事务管理人员）的主要目标。因此，“学生学习”成为美国高校学生事务的重要任务。此时，人们开始发现传统将高等教育活动简单分成学术事务与学生事务的不妥之处。学生课堂内外和校园内外的各种经历都会有助于其学习与个人发展。在某些条件下，学生事务管理者只有得到其他人（教员、学生、同事等）的积极参与和合作才能获得最佳效益。在这个大背景下，学生事务和学术事务开始融合到“学生学习”之中。高校强调促进学生学习，学生事务管理的主要任务在于与教师、学生和其他人员建立共同合作的伙伴关系，以营造一个紧密结合课堂内外且具有教育目的的学习环境，并激励学生参与学习。

美国高校的这一做法，在当前获得了越来越多国家和高校的认可，而且世界各国都在积极探索更加适合自己的高校学生事务管理方法与模式等。

二、高校学生事务管理历史发展的启示

纵观高校学生事务管理的历史发展，可以得出以下三大点启示。

（一）高校学生事务管理要以学生的自由实现为根本宗旨

人类精神的最高旨归是自由，呼吁对人进行解放，最终也就是实现人的自由。解放人、帮助人，更好地解决人与自身、与他人、与自然的冲突，不断向人的全面自由迈进是教育的最根本目

的，因此教育往往将其最高目标也定为自由。

现代大学建立以前，以学校为本往往成为高校开展教育活动以及学生事务管理工作的出发点，并且高校在制定学生事务管理决策时更偏重于维护管理层的意向，对于学生在高校学生事务管理中的作用则没有引起足够重视。此外，大学往往认为学生是不健全、不成熟的，容易出现各种各样的问题。因此，高校在对待学生时，最基本的目标就是通过严格的监督、管制甚至是惩罚来规范学生的行为，防止他们出现违纪现象。

后来，随着社会文明的不断发展、现代大学的建立以及学生个人意识的不断觉醒，学生的利益与需求日益受到关注，教育行政当局以及高校管理者开始尝试与学生对话，并注意在对相关学生事务进行处理时倾听学生的声音，维护学生的利益。如此一来，高校在开始学生事务管理时逐渐从以领导层为出发点转为以学生为出发点，也变得更加民主化和人性化。

（二）高校学生事务管理要注意内容的综合化

不论是国外高校学生事务管理的发展，还是国内高校学生事务管理的发展，都易受到国家政治生活的干预和社会生活变化的影响。比如，美国早期为英国的殖民地，在政治和教育上直接受到英国的控制和影响，在很长时期，这两国的学生事务管理都是沿袭英国的替代父母制。即便是在国家政治和社会生活正常运行的一国内部，学生事务管理也受政治影响，美国从 1937 年起将学生事务正式作为专门的事务以来，学生事务管理同样经历了政治上的波澜。比如，美国政治选举上肯尼迪遇刺、美国对越战争等激起了美国学生政治上的各种诉求，民权运动领袖马丁·路德·金遇刺更是引发了黑人大学生对个人权利的维护，特别是各民族学生对自身权利的维护。可见，学生事务管理从注重政治上的控制转变到应对学生的各种事务，学生事务管理的内容从当初的单一化转变为综合化。特别是 20 世纪 60 年代后，学生事务管理的内容综合化发展越来越突出，学生事务管理各职能部门既分工严密，又协作共进，管理服务的内容除了学生活动的日常，学生的政治进步问题也成为重要内容，并且注重学生对学校各项管理事务的监督和参与。因此，高校在开展学生事务管理工作时，要注意对各项管理内容进行有机综合。

（三）高校学生事务管理要与时俱进

高校学生事务管理要依据社会的发展、高等教育改革的深入以及大学生身心发展状况等，及时进行一定的调整与完善，以更好地开展高校学生事务管理实践。需要注意的是，在这一过程中，高校学生事务管理必须注意对本国历史传统和民族文化进行吸纳与创新。只有这样，才能确保高校学生事务管理在保持自身民族特色的同时，又能准确把握时代发展的要求，继而能够获得良好的效果。

第三节　高校学生事务管理的基础理论与指导思想

一、高校学生事务管理的理论基础

高校学生事务管理的理论建立在教育学、心理学、管理学、哲学等相关理论的基础上，在指导学生事务管理实践的过程中又产生了很多新观念、新思想。因此，对新时期高校学生事务管理进行研究，必然要从其理论入手。具体来说，有关高校学生事务管理的基础理论有以下两大方面。

（一）学生发展理论

这里所说的学生发展理论是一个综合性的理论，它是高校在开展学生事务管理时必须要运用的一个重要理论基础。具体而言，学生发展理论又包括以下几方面的内容。

1. 心理发展理论

这一理论认为，在个体生命发展的整个过程中，发展是始终贯穿其中的，而且个体的发展呈现出连续性；个体在生命发展的不同阶段，遇到的问题也是有所差异的，并且个体在经历了一定的成长与发展后能够顺利将各个阶段出现的问题予以解决。

与学生心理发展理论有关的著作，最早的一部是桑福德在1962年发表的《美国大学》一书。在这部著作中，桑福德详细研究了学生的发展机制，并提出学生在发展中始终存在"分化"与"整合"这两个相互联系的概念，即认为分化与整合的过程便是学生的发展过程。与此同时，桑福德提出学生的发展必须具备以下几个条件。

第一，动力。学生要想不断地向前发展，并始终保持发展的方向，就必须要有一定的动力支持。

第二，挑战。学生在发展的过程中，会遇到多样化的挑战，而这些挑战是推动学生成长的重要因素。

第三，支持。学生要想长期获得健康的成长，必须得到一定的支持。

此外，桑福德还从学生发展所必需的条件出发，指出了学生发展目标的制定会受到个体与环境交互作用的影响。

通过桑福德的观点可以知道，学生心理发展理论的出发点是促进学生个体的健康发展，而这应该成为高校制定学生管理工作目标与工作方向的重要依据。此外，高校在开展学生管理工作时，要充分认识到学生的个体性及其在心理发展过程中所遇到问题的多样性，继而能够按照相应的理论要求对其进行有效指导。

2. 人格类型理论

这一理论主要是用来描述和解释人格及其类型的，并注重探讨相同情境下不同性格的人的反应及其原因。该理论认为，每一类型人格的存在都是合理的，而且不同的人格类型对于个体、团体的健康发展都有重要的影响。因此，这一理论并不是来区分学生的好坏的，而是对每一人格类型的学生进行客观评价，并科学阐释他们的积极意义。此外，人格类型理论认为，人类行为的差异是先天就有的，即遗传是影响人类行为的一个重要因素。在现实生活中，人类行为的差异在很多方面都有所体现，如人们接收、加工信息的方式，以及人们对于不同活动的兴趣不同等。

人格类型理论被提出后，人们意识到在指导大学生的个性发展时，要充分考虑到其在发展过程中体现出来的差异性，同时要注意引导不同个性的大学生加强对彼此的了解，以更好地进行沟通、交流与合作。

3. 认知结构理论

这一理论最早是在 20 世纪 70 年代由皮亚杰提出的，主要是解释个体在大学期间获得的经验对其智力发展的影响。

该理论认为，认知结构会经历一个发展的过程，而且个体在发展的过程中可以对自己的认知结构进行最优化选择；在个体的智力发展中，遗传和环境产生重要的影响；个体的认知结构在发展的过程中会遵循一定的顺序等。

近年来，认知结构理论越来越注重了解性别差异对认知发展的影响，但对人格和社会能力未引起足够关注。在大学生的发展中，大学生是发展的主体，因此在研究大学生的发展问题时，应关注大学生的个性发展，并积极研究大学生的智力发展、价值塑造等基础问题。

（二）校园环境理论

在高校学生事务管理中，校园环境理论也发挥着重要的作用。一般认为，校园环境理论是由以下几方面组成的。

1. 人与环境互动理论

这一理论主要是研究与解释环境的特定情境及其对学生发

展的影响。在大学生的发展中，包含师生关系、课程安排等在内的大学环境的影响是不容忽视的。通常来说，大学教育要想获得成功，必须要建设良好的校园环境。同时，在大学生的发展中，不论是高校的校园文化，还是高校组织的各类文明活动都会产生重要的作用。

根据人与环境互动理论，高校应积极培养学生对各类环境的适应能力，并帮助学生有效地选择与超越环境。为此，高校学生事务管理工作者在开展工作时，应与教师进行密切配合，努力为学生打造一个积极、文明且和谐的校园环境，为学生的学习与健康成长提供良好的环境条件。

2. 结构组织模式理论

这一理论认为，人的目的与行为可以通过环境表现出来，同时环境会影响人们的态度与行为。通常来说，大多数人所生活的环境有着明确的目的性，像图书室、教室、办公室等。因此，需要对环境进行一定的组织，以帮助生活在环境中的人不断提高工作效率。在这一过程中，需要明确对环境进行组织的原则、如何对各类资源进行使用与组合等问题。

此外，这一理论认为环境的状态可以分为两类，即动态环境与静态环境，而且这两种状态的环境都会对学生的行为产生重要影响。对高校来说，校园环境应以动态为主，重在为大学生营造一种积极活泼的氛围。同时，高校的各个部门要不断提高自身对环境变化的适应能力，以有效满足大学生在发展中产生的多种需求。

3. 物理模式理论

这一理论认为，不论是自然的环境还是人造的环境都具备一定的物理特征，而且这一物理特征会对置身其中的人们的行为产生重要的影响。这里所说的物理特征，涉及空间、线条、距离等多个方面，而且这些方面能够通过光线、湿度、人口密度等条件来影响人们的行为。由此可以知道，物理环境要想对人们的行为产生影响，必须要借助于一些其他因素。

校园环境作为环境的一个重要组成部分，必然也会受到物理特征的影响。为了确保校园环境对学生具有高度的吸引力，以及学生对校园环境有高度的满意度，必须要确保学生人群密度适中，以及学生具有一定的私密空间，同时要确保学生在校园环境中能够获得舒适和美的享受。对此，高校学生事务管理者应有充分的认知，并尽可能采取有效措施来满足这些环境条件。

二、高校学生事务管理的指导思想

就我国来说，高校在开展学生事务管理时，必须以一定的思想为指导，其中较为重要的有以下几个。

（一）发展性的观念

发展性的高校学生事务管理观是发展性观点在高校学生事务管理工作中的体现，这是一种促进个体的全面发展与个性化成长以及高度适应社会需要为目的，以发展性为着眼点，以可持续发展为终极目标的管理思想和信念体系。发展性的高校学生事务管理观体现了以人为本的理念，体现的是高校学生事务管理新的价值追求和逻辑建构，代表了高校大学生管理工作新的发展方向。发展性的高校学生事务管理观着眼于大学生的全面、可持续发展，强调大学生不仅要获得知识的增长，更要获得能力、技能和综合素质的提升。同时，我们必须看到，大学生综合素质的全面提升绝不可能是一蹴而就的事情，而是经过长期的努力实现的。在地方高校转型发展的过程中，发展性的高校学生事务管理更要以帮助大学生获取基本技能为基础，以增加就业竞争能力为重点，实现较高质量的就业为判断标准。此外，高校学生事务管理还应引领大学生超越对基本技能的功利性需要，更加关注自身人文素养的培养，提高自己的生活品位和人生境界。发展性的高校学生事务管理观是新时期高校学生事务管理工作的重要内容，是人们在尊重教育规律和管理规律基础上对高校学生事务管理的新认识，也是高校在开展学生事务管理工作时必须要遵循的一个指导思想。

高校在开展学生事务管理时坚持发展性的高校学生事务管理观，能否收到预期的管理效果，关键取决于高校学生事务管理工作者的素质、发展性管理策略的运用、大学生成长发展的动力等。对高校学生事务管理者而言，重要的是以方法促实效，做到因人而异，促进大学生的发展。发展性的高校学生事务管理还要有利于工作持续性开展的长效机制的建立，构建的关键工作还在于以"优化"大学生的发展目标为重点，在大学生中构建起发展成效的反馈机制。发展性的高校学生事务管理观，还强调要帮助大学生树立起发展性的应变意识、规划意识以及创新意识等，建构起共生、多元、可持续、协作的实践运行机制，达到知识、技能、能力和素质的多提升和突破，培养具有健全品格的大学生，使之成为更适应经济社会发展需要的人才。

（二）以生为本的观念

这里所说的以生为本，就是在开展高校学生事务管理时，必须将学生作为管理的核心与动力。这不仅肯定了学生在高校学生事务管理中的主体地位，而且强调了高校学生事务管理者在开展工作时，必须尊重学生、依靠学生、服务学生。当然，高校学生事务管理中强调以生为本，并不意味着否定高校学生事务管理者的地位与作用，也不意味着要对学生放任自流，而是要将尊重学生与严格要求学生紧密结合。这不仅能促进学生的身心健康发展，而且能为国家培养出更多符合社会需求的人才。

高校学生事务管理要实现以生为本，就要特别注意以下几个方面。

第一，高校学生事务管理者要从大学生的实际出发，了解学生、尊重学生、理解学生和信任学生，并在此基础上加强对学生的教育、指导、管理和服务，为学生的健康成长和全面发展创造条件。

第二，高校学生事务管理者要切实尊重大学生的主体地位。当代大学生从年龄结构上看大都处在20岁左右，其思维能力、知识水平和生理、心理的发育状态已具备了自我管理的可能，但这种可能只有通过有意的培养和引导才能成为现实。其中的途径和方式很多，比如高校学生社团就是能较好培养学生自我管理能力的一个组织。健康向上的社团文化，对于活跃校园文化生活，促进学生健康成才具有积极而重要的作用。有效地利用学生社团的影响力，不但能增强大学生参与管理、参与竞争的意识，也为大学生自我管理提供了实践的舞台，对发挥大学生主体意识有积极的推动作用。

第三，我国高校要实现以生为本，就必须不断健全和完善我国高校学生事务管理的制度体系。这就要求高校一方面要注重与学生间平等双向的交流，明确规定并创造条件让学生行使正当的自主权利；另一方面要依据国家法律制定更为切实可行的学生事务管理制度，使学生事务管理工作不断制度化、规范化，并且具有较高的透明度和严格的程序。

（三）文化化人的观念

通过文化的影响和作用而不断使人们之间以及人们与外部环境之间正在进行的互动关系发生变化，从而使个体的精神得到提升，便是文化化人。① 这一观念要求高校在开展学生事务管理实践时，管理者必须平衡和协调好服务大学目标与满足学生兴趣、需求的动态关系，将高校的价值观以个性化和专业化的方式加以阐释并使学生认可，从而达成文化化人的目的。为此，高校学生事务管理者要特别注意以下几个方面。

第一，高校学生事务管理者只有具备超群的文化竞争力，才能在计划、协调、监督和决策过程中遵守并创新现有的文化。这

① 储祖旺．高校学生事务管理教程[M]．北京：科学出版社，2008：42．

就需要高校学生事务管理者全面深入地了解校园文化，利用校园文化营造学生、教师、管理者及其他人员之间的友好合作关系，以提高学生事务管理的效度，引导学生走向成功。从这个意义上讲，学生事务管理者应能够不断地监控校园环境并能自如地打破不同群体间的文化界限，通过使用不同亚文化的语言和行为来促进高校完成以学生发展为核心的神圣使命，从而为整个高校发展服务。

第二，高校学生事务管理者必须对所在高校有整体社会化的认识，并熟悉这里成文或不成文的行为规范和价值观。

第三，高校学生事务管理者要在承认并尊重高校内部各群体的文化差异性的基础上，发现并整合高校内部各群体文化的共性，做到共性和个性的辩证统一、和谐发展。

（四）整体性的理念

高校学生事务管理是个有机联系的整体，学生成长的各阶段，学校管理的各方面，学生事务的各因素是密不可分的，具有整体的性质。大学生是整体性的存在，学生事务也只有坚持整体观念和整体性管理，才能真正体现以学生为本。高校在开展学生事务管理工作时，要切实遵循整体性的理念，应特别注意以下几个方面。

第一，要坚信大学生的事务于高校而言是不可或缺的。虽然大学生事务通常是指非学术事务，但在处理大学生事务时，必须与大学生的学术事务联系起来思考，甚至将大学生的学术事务视为重要的事务。这里关键不是由谁去做这些工作，而是要在工作中打破高校学生事务管理工作与学生学术管理各自为政、条块分割的状态，把学术事务的管理和非学术事务的管理结合起来。

第二，要充分重视大学生利益的整体性。大学生利益的整体性，既包括学生的物质利益，也包括学生的精神利益。高校学生事务管理应以大学生的利益实现、维护和发展为根本。在这个过程中，还需坚持科学和人文精神的有机统一，自觉地贯穿于管理的每一个环节上。

第三，要在高校学生事务管理中对大学生进行整体性理解。具体就是要用联系的观点看待、理解大学生，既要看到大学生的现在，也要看到大学生的过去和未来。了解一个大学生的过去，就是了解这个大学生过去的成长环境、家庭状况、父母状况、经济状况、社会实践情况、个人的学习表现、知识结构等，评析其对现状的影响及可能产生的影响。了解一个大学生的未来，就是了解这个大学生未来的理想、愿望，尤其是职业理想。了解一个大学生的现在，就是了解这个大学生现在的思想观念、价值观、学习状况、生活水平、社会实践等。需要特别强调的是，一个人的现实状况总是多方面因素综合作用的结果。一个大学生的现实状况，是无数隐蔽在这个大学生背后的现实性关联所造成的，这是必须坚持“整体性”的根源所在。

（五）个性化的理念

当前，社会对大学生的素质和能力的需求越来越多元化。在这一情况下，高校在学生事务管理中必须突出“个性化”的理念。这并不是对高校学生事务管理“整体性”的否定，恰是对高校学生事务管理研究与认识的深化。高校在发展中，总体目标是培养社会需要的各类人才。高等学校在坚持自身人才培养特色的基础上，要努力主动适应并满足不同大学生的不同需求。以美国高校当前的高校学生事务管理为例，其注重“个性化”的培养已得到了较大的发展，如对学生做出不同种族、不同性别、不同年龄、不同成长背景、不同国籍、不同民族、不同资质、不同健康程度等区分，并据此为其提供不同的服务与管理；针对退伍军人、走读生、残疾生等进行个性化的服务与管理，仅就服务项目而言，就可以细分为食宿、健康管理、体育运动、娱乐活动、学业规划、宗教事务、个人咨询、学生活动（中心）、职业生涯规划、就业指导、经济资助、新生入学、学术咨询、毕业帮助等内容。我国的高校学生事务管理工作，内容应该说是无所不涉及，但规范化的细分明显不够，有效推出满足大学生发展需要的各项服务和针对不同大学生需要的个别化、个性化服务项目明显不足。地方高校在转型发展阶段，必须围绕学生发展的目标，努力增强为大学生服务的意识，为学生提供更多个性化服务，培养更多具有"个性化"特征的优秀人才。

(六)信息化的理念

当前，人类已经进入了以"大数据"为特征的信息时代，知识存在的形态和传播方式正发生着巨大的变化。高校学生事务管理必须要充分利用网络、大数据等信息技术来提高高校学生事务管理水平。坚持"信息化"的理念，就是要以网络信息交流的开放性、快速性和广泛性来提高高校学生事务管理的效率，实现与大学生更加及时、畅通的沟通，增强高校学生事务管理的实效。

高校学生事务管理要切实坚持信息化的理念，需要做好以下两方面的工作。

第一，要充分意识到信息化教育途径给传统教育活动事业带来的影响。信息化教育作为一种新兴的教育模式，其核心是通过帮助个体的学习来促进个性的发展。信息化教育使教育的过程变成了间接的曲线形运动，成为通过网络手段实现的复杂的不可预测的心理—社会反应。这就使得在传统的课堂教学活动中，由教育者和受教育者之间形成的"教育空场"不复存在。教师"教书育人"的实现过程发现了极大变化，教育管理活动变得越来越复杂，这给高校的学生事务管理部门和高校学生事务管理者提出了更大的挑战。

第二，要在高校学生事务管理中全面推进信息化。网络使高校学生事务管理由以往面对面的交流逐渐变成网络上"点对点"的交流。见面显得不那么重要了，如多数高校广泛使用的"一卡通"，使得财务收费系统、图书馆、食堂以及宿舍管理都实现了信息化，学生的注册、学籍变动申请、选课、转专业、贷款、证明等事务逐渐电子化。基于信息化的高校学生事务管理也增强了大学生的自主性,大学生可以通过网络系统来查询、管理自己的基本信息,有效地提高了大学生的自我管理能力,而这恰恰就是新时期高校学生事务管理的发展方向。因此,必须在高校学生事务管理中大力推进信息化建设。

第四节　国内外对高校学生事务管理的相关研究

一、国内关于高校学生事务管理的相关研究

我国研究高校学生事务管理的时间相比国外来说要稍晚一些,但也获得了一些成绩。对我国关于高校学生事务管理的研究进行分析可以发现,研究的内容主要包括以下两类。

(一)对比研究

我国学者关于高校学生事务管理的对比研究,重在探寻我国和国外在高校学生事务管理方面存在的异同特别是不同之处,并在此基础上寻找我国高校在今后开展学生事务管理工作时,应坚持的管理方向、应秉承的管理理念以及应采取的管理模式等。此外,我国学者在开展高校学生事务管理对比研究时,将侧重点放在以下两个方面。

第一,详细介绍并深入分析国外高校当前所运用的学生事务管理体系,如产生、发展历史及其原因、具有的特点以及运作的模式等。

第二,通过对比我国与国外的高校学生事务管理,深入探讨我国高校学生事务管理的发展现状、存在的不足以及解决的策略等。

到目前为止,我国学者对于高校学生事务管理的对比研究

中，以蔡国春的研究最有代表性。他从2001年开始，发表了多篇与高校学生事务管理相关的论文，涉及发展历史、管理机构、组织模式等内容，并着重对我国与美国的高校学生事务管理进行了对比研究，详细阐述了两者的管理现状以及所具有的特点。除此之外，以下学者关于高校学生事务管理的对比研究也取得了重要成果。

北京师范大学的王显芳、北京理工大学的赵平等，对美国高校的学生事务管理进行了系统阐述，并得出了一些值得我国高校学生事务管理借鉴的重要成果。比如，美国高校在开展学生事务管理的过程中，逐渐形成了健全的管理机构、完善的管理制度、专业化和职业化的管理队伍、注重服务的管理模式等。

上海师范大学教育科学学院的朱炜，对欧洲、美国以及日本的高校学生事务管理进行了系统介绍与分析，涉及高校学生事务管理特点、体制等多个方面。在此基础上，他提出我国高校在开展学生事务管理工作时，要注意依据时代发展的要求，对管理的理念、内容、方法等进行更新；要尊重学生在高校学生事务发展中的地位，充分发挥学生在高校学生事务管理中的作用；要积极培养高校学生事务管理的专业化师资，不断提高高校学生事务管理的专业化水平。

于冠华在其论文《中英高校学生事务管理比较研究》中，对高等教育改革不断深入、高校学生的数量不断增加以及高校学生的思想行为日益多元化等背景下高校学生事务管理的模式进行了探索。在文中，他先是提出了研究的背景；接着分析了英国的高校学生事务管理在高等教育普及阶段所呈现出来的发展特色，如注重人员的职业化和服务专业化、注重管理的法制化、尊重学生在管理中的地位等；最后对我国高校应形成的学生事务管理模式进行了探索。

除了以上学者，叶茹蕙、王丰昌、乐青等学者也从不同的角度出发，对国外高校学生事务管理的基本理念、基本做法、典型模式等进行了详细阐述与分析，并在此基础上积极构建适合我国实际情况的高校学生事务管理体系，探索我国高校学生事务管理在未来的变革方向、途径等。

（二）实证研究

我国学者在对高校学生事务管理进行实证研究时，注重通过对相关个案的研究，并结合我国高校学生工作的相关政策，对我国高校学生事务管理在今后的发展理念、发展途径等进行了详细探究。具体来说，我国学者关于高校学生事务管理的实证研究，主要包括以下几方面的内容。

1. 关于高校学生事务管理理念的研究

高校学生事务管理工作要想顺利开展并取得有效成果，必须以科学合理的管理理念为指导。我国学者在对高校学生事务管理进行实证研究时，关于管理理念的研究是十分重要的一个方面。

教育部高校学生司的张浩明曾发表文章指出，高校在对大学生进行管理时，必须坚持育人为本的理念，并注重促进大学生德智体美等的全面发展；必须对大学生的合法权益进行有效维护，确实做到对大学生进行依法管理；必须对育人为本理念、严格管理与依法管理三者之间的关系进行正确认知与恰当处理，以确保三者都能在大学生管理中发挥出最大作用。

武汉大学的刘经南、陈闻晋在其论文《叩问中国大学制度创新的四大要素》中，指出大学在开展教育的过程中，应将学生的满意度作为最核心的价值追求。也就是说，大学在对学生进行教育的过程中，要确保学生都能够获得较高质量的教育，且这样的教育质量能够获得学生的认可与满意。这从实质上来说就是要求高校要开展更高质量的学生事务管理；大学在开展教育教学时，要积极创造有利条件让学生充分参与到教育教学过程之中，允许学生参与学校的学生事务管理、对教育教学的质量进行评价、对学校的学生事务管理进行监督等；大学要高度重视校园文化、校友文化等的建设，使大学生在获得良好的大学文化的同时，为自己的终身发展奠定良好的基础。

郭芳晴发表了《信息化背景下高校学生事务管理创新研究》一文，指出高校在开展学生事务管理并进行创新时，必须紧紧围绕信息化这一重要的时代发展背景，并积极培育与这一发展背景相适应的高校学生事务管理理念与模式等。

2. 关于高校学生事务管理模式的研究

关于高校学生事务管理模式的研究，也是我国学者对于高校学生事务管理实证研究的一个重要方面。在当前，我国不少学者都对高校学生事务管理的模式提出了自己的独特看法。

湖北经济学院的姜璐认为，在对当前高校学生事务管理的模式进行构建时，必须六个结合，即"社会为本"与"以人为本"相结合、制度管理与民主管理相结合、学业管理与事务管理相结合、管理与服务相结合、教育与引导相结合、全才教育与个性教育相结合。

潘世墨以厦门大学学生事务管理的实践为基础，提出了厦门大学生在今后构建学生事务管理模式可以参考的意见，即要积极构建"强部门一多中心"工作体制；要注重提高辅导员的专业化服务水平；要充分发挥学生以及学生社团等在学生事务管理中的作用；要积极构建学生需求信息服务平台，并据此对学生提供个性化的服务，以确保学生都能获得一定的成长；要积极完善学生的奖学金以及资助服务的工作体系等。

黄晓波发表了《我国高校学生事务管理：问题与对策》一文，提出在构建高校学生事务管理模式时，应注意管理模式的综合性与服务性。

程婉在其论文《管理学视角下的高校学生事务管理》中指出，在构建高校学生事务管理模式时，必须坚持"以人为本"的理念。

3. 关于高校学生事务管理队伍建设的研究

我国学者在对高校学生事务管理进行实证研究时，对于管理队伍建设的研究也获得了一定成就。

冯培在其论文《解决思想问题与解决实际问题相结合，增强学生思想政治工作的实效性》中指出，学校在开展事务管理、解决学生中存在的各种问题时，必须坚持“育人为本”的思想观念，同时要切实提高管理队伍的整体水平。这是因为，在当前的知识时代，学生的思想变得日益多元化，所遇到的思想及其他问题也不断增多。而要想顺利解决这些问题，就需要高校学生事务管理者必须具备与管理相关的各类知识与技能，继而能够有针对性地对各类问题进行有效解决。

储祖旺、徐绍红在其论文《我国高校学生事务专业标准体系建设研究》中指出，我国高校在当前还未形成健全的学生事务管理队伍，对于学生事务管理人员的招聘也没有形成专门聘任制度，对于学生事务管理人员的培训、奖惩等也未形成完善的体系。因此，极有必要提高高校学生事务管理的专业化水平。为此，需要成立专门的学会和协会来指导高校学生事务管理工作，不断增强高校学生事务管理人员的专业素质与管理水平等。

总的来说，国内关于高校学生事务管理的研究，对于推动我国高校学生事务管理的理论建设和实践开展具有重要的意义。但是，国内关于高校学生事务管理的研究还不够完善，有些理论还有待进一步证实。

二、国外关于高校学生事务管理的相关研究

国外关于高校学生事务管理的研究，相比国内来说要早很多，因而取得的成果更多。具体来说，国外关于高校学生事务管理的研究在以下几个方面有集中体现。

（一）父母权责论

这是美国在早期研究高校学生事务管理时得出的一个成果，认为学生在生活方面、学业方面、道德方面等都会有一个发展成

长的过程，但是学生还未形成良好的对自我进行负责的能力，因而需要学校在一定程度上担当“父母”的职责，对学生的成长进行监护，帮助学生形成良好的个人生活习惯、顺利完成学业，养成良好的道德等。就当时来说，这种观点对于高校学生事务管理的开展是有一定指导意义的。但是，随着时代的发展，人们已经摒弃了这一观点。

（二）公信论

国外关于高校学生事务管理的公信论，是以信托机构的运行原则为基础建立起来的。所谓信托机构的运行原则，就是信托机构在提供服务时，必须面向其所属的人群，并要将真实的资讯传递给他们，以实现双方的顺利合作。在此基础上形成的公信论认为，学校从某种程度上来说就是一个信托机构，其对学生的利益负有重要的责任，因而其教育计划以及财务状况等都需要及时向学生（家长）予以公布，以便他们了解。不过，这一理论在高校学生事务管理中并未得到有效实践，而且未得到足够的认可与接受。

（三）契约论

国外学者关于高校学生事务管理的这一研究成果，认为高校从一定程度上来说就是一个“小社会”，能够间接地反映出社会生活。因此，高校与学生之间的关系就相当于西方市场经济制度下的人与人之间的关系。由于西方市场经济制度强调平等，因而高校与学生之间也应注重平等，而且这种平等关系是以契约的形式予以明确的。此外，高校与学生之间可以借助于多种方式来建立契约关系，如制定法令等。

（四）宪法论

国外学者关于高校学生事务管理的这一研究成果，是在将学生视为公民的前提下得出的。具体来说，这一理论认为作为国民一个重要组成部分的学生，有权利享受宪法所赋予的权益，而且这一权益在学校范围内同样有效。这就要求高校在开展学生事务管理时，必须采取有效的措施来维护学生的合理权益。一旦学生的合法权益被侵害，高校学生事务管理者必须及时采取有效的措施进行处理，若是某一侵害行为超出了自己的能力和权限，则要及时上报公共行政机构，由之处理。

（五）“学生消费者第一”论

这是在第二次世界大战后，美国学者在对高校学生事务管理进行研究时所得出的一个重要成果，这一成果对于推动美国高等教育的进一步发展发挥了重要作用。

该理论站在市场管理的角度对高校与学生之间的关系进行分析，认为高校与学生的关系就是卖者与买者/消费者的关系。由于买者/消费者最终决定着卖者的经营状况，因而卖者要想获得良好的利润，就必须有效满足买者/消费者的需求。这一理论的提出，使得美国高校在开展学生事务管理时，越来越重视学生服务。同时，这一理论使得美国高校学生事务管理进入了一个新的时代。

（六）组织和管理理论

组织的类型多种多样，高校是其中的一个重要类型。这就要求高校在开展学生事务管理工作时，必须遵循组织和管理理论。

组织和管理理论的代表人物是诺克，其在对组织的发展与管理实际进行综合考察的基础上，提出了存在主义、实用主义、理性主义等多种理论。这些理论的提出，使得学生管理的目的、地位被越来越多的人所认可。同时，在这些理论的指导下，高校学生事务管理越来越注重对教育资源进行合理分配，不断提高管理的质量与效率，以便学生在获得高效服务的同时得到全面发展。

此外，学生发展理论、校园环境理论也是国外关于高校学生事务管理研究的重要成果。由于本章第三节中已对其进行了详细阐述，这里不再展开。

总的来说，国外关于高校学生事务管理的研究还处于不断发展的阶段。我国高校开展高校学生事务管理工作应积极借鉴国外高校相关管理经验，摸索出适合自己的管理模式。

第二章　高校学生事务管理的背景与对象研究

我国现在正处于社会的转型、转轨期，这一过程中出现了很多新的社会特征，如城市化范围及程度的变化、人与人之间关系的变化等。与此同时，我国也进入高等教育大众化、社会化的发展阶段，高校学生整体上呈现出多样化和个性化的发展趋势。研究高校学生事务管理的背景与对象，可以更好地开展学生事务管理工作，这也是革新传统高校学生管理模式的基础条件。

第一节　当前高校学生事务管理的时代背景

进入21世纪后，高等教育迈进大众化阶段，社会的转型变革对高校学生事务管理提出了新要求和新挑战。高校学生事务管理既要引导学生肩负起建设中国特色社会主义的历史使命，也要关怀和尊重学生个性化成长的合理需求，引导学生在理想与现实中找到最佳结合点，在社会性与个体性的相互融合中培养责任感和进取心，实现个人价值与社会价值的统一。总体上来看，当前高校学生事务管理的时代背景可归纳为以下几点：经济社会发展新常态；高等教育政策引导在变；大学生的成长发展诉求在变；高校与学生的关系在变；高校评价机制在变。

一、经济社会发展新常态

2014年5月，习近平总书记在河南考察时首提“新常态”：我国发展仍处于重要战略机遇期，我们要增强信心，从当前我国经济发展的阶段性特征出发，适应新常态，保持战略上的平常心态。其后，"新常态"一词迅速发酵，成为描述经济社会发展状态的最热门关键词。新常态是不同以往的、相对稳定的状态，这是一种趋势性、不可逆的发展状态。这意味着中国经济已进入一个与过去 30 多年高速增长期不同的新阶段。

新常态下，"发展必须是遵循经济规律的科学发展，必须是遵循自然规律的可持续发展，必须是遵循社会规律的包容性发展"。[①] 这是 2014 年 7 月 29 日中共中央政治局会议做出的重大战略判断。做好新常态下的经济社会发展工作，必须坚持做到以下三点。

(1)推动经济发展必须按经济规律办事。在当前情况下，发展仍然是推进解决我国所有现实问题的关键和基础，中国经济发展必须保持一定的速度。中国经济发展的新常态，主要表现为以中高速、优结构、新动力、多挑战为主要特征。我们所应坚持的发展是速度、质量和效益相协调、相统一的发展。

(2)发展必须按自然规律办事，努力实现可持续发展。人类可以利用自然、改造自然，但绝不能漠视自然、破坏自然，违背自然规律。新常态下，必须改变粗放式发展，须更加重视资源保护、节能减排，更加突出生态建设；新常态下，生态环境建设成为发展的重要内容，更是改善民生的重大内容；新常态下，发展必须坚持以人为本，更加重视提高人的生活水平和质量。

(3)发展必须是遵循社会规律的发展，实现以人为本的包容性发展。发展的主体是人，发展的目的是人。新常态下，我们必须摆脱对速度的纠结，用更大的勇气和魄力改善民生、推进社会进步与发展，让更多的发展成果惠及广大人民群众。

总之，当前语境下的"新常态"既指经济增长速度将不再保持过去的高速状态，而是将进入中高速的状态，又指国家治理体系

① 人民日报评论员．发展必须是遵循经济规律的科学发展——新常态下我们怎样发展(上)[N]．人民日报，2014－8－26.

与治理能力日益现代化的状态。“新常态”是政治更加清明、市场更加开放、社会更加和谐的状态。这样的新常态将影响着社会生活的方方面面，给各行各业带来深刻的变化。

二、高等教育政策引导在变

面对我国高等教育发展新常态下的新特征、新趋势，高等学校比以往任何时候都更加需要解放思想，更加需要凝聚共识，在观念上要适应、认识上要到位、方法上要对路、工作上要得力。要努力做到四个“更加注重”：更加注重内涵发展、更加注重特色发展、更加注重创新发展、更加注重需求导向。这是新常态下，高等教育发展的基本遵循。

改革、质量自然成了当前高等教育政策的主要关键词。《国家中长期教育改革和发展规划纲要(2010—2020 年)》(以下简称《规划纲要(2010—2020 年)》)颁布实施后，国务院成立了国家教育体制改革领导小组，发布了开展国家教育体制改革试点总体方案，并大力推进教育改革工作。在党的十八届三中全会通过的《中共中央关于全面深化改革若干重大问题的决定》中，为教育改革发展做出宏观规划，提出了“深化教育领域综合改革”的总体要求。2013 年 1 月底，《教育部关于 2013 年深化教育领域综合改革的意见》(教改〔2013〕1 号)印发，提出了准确把握深化教育领域综合改革的总要求、聚焦深化教育领域综合改革突破口并在重点领域和关键环节取得重要进展、完善推进教育领域综合改革的机制并形成整体合力。这些新的要求，主要是加快建设教育强国，构建现代职业教育体系，引导地方高校开展转型探索。

在教育部《关于地方本科高校转型发展的指导意见(征求意见稿)》中，明确提出“为贯彻落实《国家中长期教育改革和发展规划纲要(2010—2020 年)》，加快现代职业教育体系建设，推进地方高校转型发展，提高服务区域经济社会发展的能力水平”。总体目标是力争用 3 年左右的时间，建成一批地方本科转型示范学校，试点高校就业质量显著提高，服务重点产业转型升级能力显著增强，人才培养"立交桥"初步形成。综合分析，我们可以做出如下推断：第一，鼓励地方高校转型发展，是国家引导高校合理定位的重要举措。从教育部公开的《关于地方本科院校转型发展的指导意见（征求意见稿）》可以看出，试点高校的主要任务是全面深化校地、校企合作，建立行业企业参与的治理结构，建立紧密对接产业链的专业体系，促进中高等教育有机衔接，加快考试招生制度改革，创新继续教育，加强实验实习实训基地建设，创新应用型技术人才培养模式，探索专业学位研究生培养模式改革，加强"双师型"教师队伍建设，建立创业教育体系，发挥区域和行业技术中心作用。地方本科院校的转型已成为高等教育结构调整的聚焦点。第二，加强应用型人才培养，是地方高校转型发展的基本立足点。国家加快转变经济发展方式需要大量的应用型人才。尽管对应用型人才的内涵还存有争议，但具有较强的职业能力和技能、适应经济社会发展的需要在各界已达成共识。在《规划纲要（2010—2020年）》和《"十二五"高等教育专题规划》中，均提出高校"要主动适应国家和区域经济社会发展需要，扩大应用型人才培养规模"，人才培养要"更加适应经济社会发展和人的全面发展需要"。传统学术型教育已经不适应现实需要，必须改变。高等学校要主动调整办学目标、办学方向和办学定位，调整人才培养定位，优化人才培养素质结构，改革人才培养模式，不断提高应用型人才培养质量。第三，推进地方院校转型发展迫在眉睫。长期以来，国家教育理念陈旧，高等教育质量的评价标准较为单一，重学轻术、重理论轻实践的传统根深蒂固。不少高校在人才培养目标定位上都较为强调宽口径、厚基础、强能力，注重基本素质，教学过程中多侧重知识完整性、系统性和学术性，较少直接关注或虽有涉及但实践中又未落实好对学生技能的整体性、专业性和关联性的培养。高校的专业、课程、师资、资源、评价等都习惯于按照学术型人才培养要求来进行配置和划分，已经不能适应大批应用型人才培养的需要。

三、大学生的成长发展诉求在变

大学生在参加高考选择志愿时，已经展现出个人的价值选择，反映了他们的人生观、世界观和价值观。进入大学后，大学生的人生观、价值观进入高速形成和发展阶段，对自我实现的诉求变得越来越强烈，同时也表现为对个人在成长发展中的自主性选择明显增强。在高等教育转型期，大学生成长发展的条件和环境有了新的变化，总的特征是资源获取的可替代性得到了迅速发展，大学生的成才发展诉求呈现出多元化、复杂化、专业化和盼望得到最大限度满足的特征。不同的大学生因个体差异具有不同的成长发展愿望，差异明显；同一个大学生，其本身的发展愿望也是多元化的，立体且富于变化。这些不同，还表现为不同学生总会遇到不同的困难与问题。大学生成长发展诉求的变化、强化，主要体现在以下几点。

（一）生活保障的需求强化

大学生具有基本生活保障的需求，但是这种需求往往不被社会所重视。受传统观念影响，老人、妇女、小孩面临的活保障问题容易引起关注，而大学生作为新生劳动力，其就业需求和生活保障需求容易受到忽视。他们中的一部分是贫困家庭、低收入家庭的子女，面临交纳昂贵学费和城市生活支出的较大经济压力。因此，他们一方面寻求兼职打工，获得部分收入应付压力；另一方面希望尽快毕业，找到理想的工作，以减缓压力。可是，随着扩招之后大量高校毕业生进入人才市场，就业竞争异常激烈，寻找理想中意的工作成为一种奢望。所以，贫困大学生的困惑、矛盾比较多，难以排解。大学时期是进入社会创造财富和生活自理的开始，如果依然缺乏就业、发展等途径，基本生活保障没有落实，就会导致大学生对自我前途产生迷茫，也会加重家庭经济负担。

（二）学习成才的需求强化

大学时期是提高素质、完善自我最关键的时期，调查结果显示，大学生对于学习和成才的需求特别强烈。大学毕业生在选择区域和单位的要求上，除了考虑收入因素、工作环境，还希望学习交流方便，能够随时充实自己。大学生对于学习成才的需求比其他人更为强烈，在全球化冲击、城市化冲击、市场竞争激烈、知识更新加速的现时代尤其值得关注。

（三）交往沟通的需求强化

在社会转型时期，大学生的交往沟通需求也越来越强烈。从传统社会向现代社会转变的初期，大学生不满足原有的人际交往模式，热衷于信息网络、现代通信的交流；但是经历一段时期之后，大学生对于虚拟化、匿名化的信息交流感觉不满，特别是缺乏人情关怀、真情互助的氛围，使他们觉得过于冷漠。因此，大学生重新产生渴望交往、渴望沟通的心理，追求人与人之间的关心、信任。

（四）希望获得较强的创新能力

创新能力是一个人的核心竞争力。创新是在充分尊重并掌握事物发展规律的基础上，达到一个新的水平的过程。从社会的整体人才需求来看，创新能力的具备已经成为普遍要求。中国社会经济结构转型，正大力由“中国制造”向“中国创造”转变，尤其需要一大批具备创新意识和能力的人才。这种需求，反映到大学生身上，就是希望他们通过在大学的学习，增强创新意识，获得较强的创新能力。同时，这也是目前我国高校大力培养高素质专门人才和拔尖创新人才，不断提高人才培养质量的努力方向。

（五）希望拥有较强的就业能力

毋庸讳言，每个大学生都希望获得较好的工作和职业发展。

谋求好工作必须要有较强的就业能力作为支撑。就业能力是指求职者或就职者获得岗位任职资格和持续胜任所从事工作的综合能力，涵盖个人基本素养、专业技能、求职能力三大部分。这些能力需要平时的积累与锻炼，在求职过程中得到检验和发挥，成为战胜竞争对手、实现人岗相适的重要保障。就业能力的构成中，大学生的学习能力、思考能力、实践能力、解决问题的能力等最受企业的关注与重视。此外，大学生就业能力还包括维持工作、更换工作以及不断胜任工作并实现个人职业生涯发展目标的能力。

（六）希望民主参与

随着学习、工作与生活条件的改善，大学生对于社会发展的参与愿望越来越强烈。过去，大学生的社会参与积极性不强，主要关心切身利益和消遣娱乐，认为国家发展、地区发展是政府部门的事情。现在情况大有不同，一方面，社会主义市场经济的发展使广大青年意识到利益获取与社会文明的进步密切相关，只有积极推进社会文明、政治民主，大学生的合法利益才能够更好地保障；另一方面，党和政府创造了许多鼓励大学生参与社会民主建设的有利条件。大学生不谈论国家大事的非常少，而且关注国家发展、民族进步和谈论内外时政已经成为趋势。所以，随着社会主义民主政治进程的推进，大学生的社会参与热情逐渐提升，并且慢慢与工作和生活融为一体。

（七）希望个性得到发展

现代化建设步伐的加快，为大学生个性发展和自我完善创造了良好的社会环境。因此，伴随改革开放的进程，大学生个性发展需求也愈加强烈。传统农业时代，青少年被按照长辈的模式塑造；工业化初期，青少年被按照机械和统一的模式塑造；如今的多元化、信息化、国际化时代，青年大学生渴望体现个性，按照个人的特长与兴趣发展。大学生个性发挥需求的增强，是伴随经济发展、社会进步的必然现象。教育工作者应该根据大学生的个性特点和兴趣爱好，在提供服务和教育引导的时候，注意针对性和实效性，促进他们健康和谐地成长。

（八）希望实现综合素质的全面发展

德才兼备、身心健康和知行合一是大学生全面发展的基本要求。人的全面发展不仅仅是整个人类社会的理性追求，也是人类文明社会长期发展的必然结果。在经济社会全球化和网络化、信息化的时代，大学生的价值观念呈现多元化的发展趋势，大学生获得信息的途径多样化，其判断也千差万别。如何帮助大学生实现全面发展的目标，树立起良好的世界观、人生观和价值观，成为高校教育管理工作的重要内容。

现行大学生事务管理主要按高等学校内设管理机构的职能展开，主要是从管理者角度出发的，忽略了学生主体需要，更多呈现出分散状态，客观上造成了对学生需求满足的分割，大学生的成长成才诉求未能得到协调一致的满足，更谈不上超越学生的期望。事实上，大学生更盼望得到“立体式”“一站式”的帮扶与满足。

四、高校与学生的关系在变

高校与学生的关系是高校中最重要的关系，指学生因学习、生活需要与高等学校之间形成的社会关系，包括高等学校在履行自己职责、实施教学、开展管理、提供服务和保障的过程中与学生之间形成的一系列复杂关系。高校与学生关系的性质受不同阶段的经济体制、社会管理体制的影响而具有不同的内容，在不同阶段呈现出不同的特点。

在计划经济体制下，国家直接管理高校、高校直接管理大学生，大学生处于自上而下的、层层传导的行政管理“链条”的最底端。高校对学生的管理行为是单一的行政行为，高校与学生关系为行政关系。

在向市场经济过渡期间，国家管理高校的单一模式发生变化，“一竿到底”式的国家行政管理有所退化，取而代之是政策引导、法律规范和行政管理等综合运用的模式。这些新变化，引导社会和人们在认识高校与学生关系时，已开始从整个社会发展和行政法发展的趋势中去考察。

在市场经济条件下，由于学生分担了高等教育成本而又需自主择业创业，高校与大学生的关系产生了质的变化，大学生们对学校的利益诉求愈加明确。首先是教育选择权，表现在一定范围内有选择学校、专业、课程和教师、学习时间和学习方式的权利；其次是参与学校管理，表现在以适当的身份参与学生管理工作的各个环节；最后是对自身人力资本的支配权，缴费上学、自主学习、自主择业、自主创业，大学生自身所形成的人力资本属于学生本人，自己掌握命运。同时，国家直接管理高校的模式已渐次退出。人们对高校与学生关系性质的认识有了新变化，主要有民事法律关系说、行政法律关系说和特别权力关系说三种具有代表性的观点。其中，行政法律关系说认为，我国高校与学生的行政关系是典型的教育行政法律关系，具有四个方面的特征：一是高校与学生的行政关系建立在自上而下、层层授权的行政分权的基础上。二是高校与学生的行政关系不同于行政法律关系。三是高校与学生的行政关系是建立在法律授予高校广泛的自由裁量权基础之上的。高等学校与大学生之间的关系，由于涉及大量公共利益，可能影响高校与学生重大权益的一些事项。四是高校和学生的关系具有明显的教育特征。当前，高校与学生的行政关系又呈现出新的特征：一是方式多种多样。高校教育管理从单一的强制性行政管理向强制与非强制行政管理并存的方向发展。二是民主化得到深入发展。学生参与学校管理的权利得到保障，学生的法律主体身份得到确认。三是法治化。学生各方面的权益得到依法保障，不仅要求依据合法正当，还要求程序合法合规，更对学生救济权的实现做出了细化的明确规定。

五、高校评价机制在变

人才培养、科学研究、社会服务、文化传承创新是高校的四项基本职能。评价高校，主要是对其人才培养质量和社会服务能力的评价。这两大方面也在发生变化。

（一）人才培养质量评价机制更加完善

应用型人才培养质量，是教育部本科教学工作审核评估的重点。2013 年 12 月，教育部发布《普通高等学校本科教学工作审核评估方案》，审核评估的核心是对学校人才培养目标与培养效果的实现状况进行评价，重点考察办学定位和人才培养目标与国家和区域经济社会发展需求的适应度，教师和教学资源条件的保障度，教学和质量保障体系运行的有效度，学生和社会用人单位的满意度。在这个评估中，人才培养目标的适应度、学生和社会用人单位的满意度直接指向人才培养质量的评价。

高校人才培养质量评价方式方法的改变需要构建开放式的大学生事务管理模式。高等教育的发展已经形成了较完备的内部质量评估体系，但这种重在考核学校教学管理工作实施过程的方式，与社会的实际需要已经产生了严重脱节的问题。国家大力倡导改革教育教学质量和人才培养质量评价机制，注重发挥行业、用人单位作用，建立主要依靠第三方机构、民间团体开展评估的经常化评判制度，重点考察专业与当地产业匹配度、毕业生就业、教学科研服务地方经济社会发展等外部性、贡献性指标，兼顾办学条件、师资水平、学术性成果等内部性、建设性指标。这是一场革命性的变化，高等学校必须认真研究第三方机构的评估，主动适应，积极接轨。

（二）社会服务能力评价机制更加合理

高校服务社会体制机制主要存在以下问题：一是服务地方

经济社会发展的意识在整个学校、管理者和老师中未完全深入人心。二是高校科技创新与经济增长的结合存在障碍，产、学、研还没有形成有效的结合机制。因此，提高高校服务社会的能力必须加强高校服务社会体制机制的协调优化性。事实上，当前已经形成了更广泛的共识，要把是否推动经济发展和社会进步作为评价科研水平高低的重要指标，要把科研成果产业化、社会化的现实状况作为衡量科技质量的重要标尺，在实践中确立起以服务需求和提升创新能力为导向的社会服务能力评价机制。教育部《关于地方本科高校转型发展的指导意见(征求意见稿)》第十二条指出，试点高校要发挥区域和行业技术中心作用。具体而言，要从以下几点建立起较为完备的服务社会的导向机制。

第一，必须坚持学校的社会服务工作的方向性和目标性，即从总体上服从学校的总体布局，坚持有利于人才培养、有利于教学、有利于提高科学研究水平、有利于加强教学科研队伍建设、有利于增强学校总体办学能力的基本原则，统一规划、推进高校的社会服务工作。

第二，要结合高等学校所在区域的特点，主动对接本地区、本区域经济发展的需求，进行学科专业调整，增强人才培养的融入性、适应性。

第三，对接区域内经济发展需要，以进行科研主攻方向的调整，引导学校和老师将科学研究、技术开发、发明创造聚焦于本地区的社会经济问题、技术问题，进行应用研究、科技咨询和服务工作，使高校的科学研究方向、办学特色最大限度地与本地区经济社会结构、经济社会发展同向而行。

第四，必须创造有利于科技创新服务社会的体制机制环境，鼓励老师们多走出校门，多走向社会，多联系实际，多了解社会经济发展需要，因需研究、因需立题。在地方高校转型发展的过程中，大学生适度参与科研活动是必不可少的内容，更是人才培养的重要环节。

第二节　当前高校学生事务管理对象的特征

随着我国高等教育的全面展开和扩招制度的实施，高校中的学生人数、质量和环境复杂度都在发生变化，以过去的方法来开展学生事务管理工作得不到良好的效果，且由于不适应新一代学生的个性发展需求易导致学生与制度对峙的现象出现，所以了解现代大学生的特点，有条件地尊重其个性发展，以此为基础来修改或完善学生事务管理工作会为高校带来更多益处。我国学生事务管理工作大致沿着“政治教育—管理学生—学生管理—发展服务”这一路线不断调整和改进工作范围。仅就学生事务管理的对象来讲，则经历了从“学生”到“事务”再到“学生”的过程，即从“人”到“物”，再从“物”到“人”的过程。大学生群体是一个典型的社会化群体，他们的年龄特征、心理状况、生活经历等因素的相近性使他们往往更容易在群体内表现出一种集体认同感，这使该群体特征表现出某种更为明确的一致性。下面重点从心理特征、思想特征和行为特征这三大方面来阐述这种一致性。

一、心理特征

处于大学阶段的青年学生，对新生事物感觉敏锐，反应快捷，善于随机应变；其记忆力和思维能力不断增强，抽象的逻辑思维逐步占据主导地位；独立思考的能力有所提高，喜好与人争辩；对人生有自己的追求，热衷于探讨人生的理想、目的和意义。但是，由于缺乏社会生活经验，处于生理和心理趋于成熟但尚未完全成熟的时期，情感的体验不稳定，可塑性较大。具体来讲，大学生的心理特征表现在以下几点。

(1)大学生的自我意识日趋强烈。大学生自我意识的增强是其个性趋于成熟的标志，但由于尚处在心理“断乳期”，自我意识的发展还不够稳定,对自我的评价还不够准确,同时由于分析事物的能力还有待提高,因此看问题容易主观片面。

(2)大学生的思维素质日趋完善。首先,大学生思维敏捷,接受能力强,喜欢新鲜事物。在校园内通过专业训练和系统的学习,抽象逻辑思维能力得到充分的发展,智力水平大大提高,分析问题解决问题的能力增强。可以说,大学生思维的抽象性明显增强,在思考问题或争论问题时,不再满足于现象的罗列和既定的结论,而是试图进一步揭示事物的本质和规律。在抽象思维丰富的情况下,大学生能够对身边发生的事情和获取的经验进行概括和总结,超越了早期停留在具体人和事情的思维阶段。但不能否认的是,大学生的阅历尚浅,容易受到不正确思想的影响,看待问题也难免会带有强烈的主观色彩,心理还需进一步调适和发展。其次,大学生思维的独立性明显增强。大学生比较喜欢独立思考问题、研究问题,有时也不轻信老师或其他成年人的意见。他们喜欢争论,并勇于发表自己的见解。当经过独立思考提出的观点得到他人赞同或被实践证明时,他们会更加相信自己的判断,从而更加重视独立思考能力的培养。但是,他们的判断也容易产生片面性和表面性。最后,大学生的思维已具有一定的创造性。系统的思维训练和丰富的知识信息,使一部分大学生,特别是那些才思敏捷的大学生能够比较灵活地运用各种思维方法,对所遇问题提出大胆的设想和独到的见解。

(3)大学生的情感表现起伏多变。大学生的情感发展是一个动态过程,尽管他们调节和控制自己情绪的能力有了很大的提高,但由于心理发育还没有完全成熟,因此较之走上社会的成人仍显起伏多变。

(4)大学生的个性特征明显增强。大学生的个性心理特征主要表现在其兴趣、性格和能力上。大学生的兴趣具有广泛性和选择性的特征。大学生的性格特征一般表现:在情绪特征方面,大都表现为欢快、乐观;在理智特征方面,大都善于观察、喜欢思考;在意志特征方面,行为大都具有强烈的目的性,但有时也表现出意志品质脆弱。大学生的能力随其生理、心理发育的日渐成熟和社会化程度的不断提高而得到明显增强。

(5)大学生的心理发展过程矛盾交织。大学生在其心理发展过程中,常因为自己的角色、位置及所处环境的特殊性而使自己处于一种矛盾重重的境遇中,这些纵横交错的矛盾构成了大学生心理发展的内在动力。一般来说,大学生遇到的矛盾有以下几种:理想与现实的矛盾、理智与情感的矛盾、求知欲望与动手能力的矛盾、独立性与依赖性的矛盾、企盼交往与自我封闭的矛盾,等等。

二、思想特征

我国当代的大学生生活在改革开放和社会主义现代化建设的新时期,其思想新特征表现在以下几个方面。

(一)认知尚未完善,思想波动大

当代大学生多为20世纪90年代之后出生的,十几年的中小学生活使他们对社会生活的认识较少。他们在毕业前一直生活在被喻为“象牙塔”的世界里。在这里,学习、生活都很有规律,而且几乎一切都有人负责管理,衣食住行不需要自己去过多地考虑,有事靠学校、老师和家庭解决,国家尽最大能力给大学生提供好的条件,使大学生能一心一意地学习和成长。另外,尽管改革开放以来,高校推倒“四面墙”,迎来“八面风”,大学生社会实践活动如雨后春笋,给学生认识社会、了解社会提供了不少机会,但这只是相对而言的,实际上、大多数学生还是缺乏实践环节的锻炼。这导致他们学科知识丰富而社会知识贫乏,学科认知敏锐而生活认知迟钝。同时,对于大多数大学生来说,他们只能认识到生活中的现象,而对生活本质的认识不够全面、透彻;或者在认识过程中表现单向偏激,主观臆断的色彩强烈;或者在认知过程中盲目从众。

与认知能力不完善相对应的还有他们的思想不太成熟,常常表现出很大的波动性,如情绪控制能力较弱,往往容易感情用事;

抗挫折能力较低等。思想上的这种波动性常常使他们在生活中或者凭一时意气，一意孤行：或者悲观菲薄；或者犹豫不决，茫然无所适从。

（二）相信科学，崇尚知识，但缺乏对知识的甄别能力

21世纪，社会科技发展日新月异，而身处其中的大学生折服于科学知识给人类带来的巨大进步，同时也表现出前所未有的对科学知识的崇尚追求。他们一方面致力于专业知识的学习，另一方面还不断地拓展自己的其他知识来源。以计算机为代表的现代化认知模式呈现给人的知识是海量的，需要有目的地进行甄别、选择。当代大学生们由于人生阅历不深，自身知识尚不丰富，在缺乏教师指导的情况下，他们往往无法在大量的鱼龙混杂的知识面前进行有效的选择。对于道德知识也是如此，任何对道德知识的误读、误判，都会导致他们做出错误的道德行为。

（三）追求个性自由，但缺乏自我约束力

当代大学生群体中一个显著特征就是反对外在的束缚，追求自己认可的个性自由。这不仅与学生的家庭环境因素有关，还与各种外在自由舆论宣传有关。在学习的过程中，尤其是在大学生活中，各种追求自我解放、个性自由的社会思潮也会潜移默化地影响着大学生，在一定程度上进一步巩固了他们追求无拘无束、崇尚自由个性的人格取向。但是自由不是绝对的，是相对的，是有条件的。初步离开父母约束的大学生有的往往会毫无节制地发展了他们所理解的“自由”的概念，将反对一切道德的约束作为自己行事的理念。为此他们往往会我行我素，不顾他人感受；好出风头，无视校纪校规；甚至以自我为中心，漠视道德法律。他们的自我约束力比较薄弱，很难融入集体。

（四）对外部世界充满好奇，渴望亲身体验，但缺乏自我引导能力

从大学生生活经历上看，他们毕业前多数是待在校园里的。

这种长期的校园生活往往使他们对校外、家外世界充满新鲜感和好奇心，总是渴望去体验那些理想化的社会生活。他们渴望通过参加校方组织的或社会组织的各种实践活动来亲自体验社会生活。但另一个明显的事实是大学生在自我体验的过程中缺乏自我引导能力。他们可能会对很多事物产生兴趣，但这些兴趣并非都能对他们的成长和发展有益。他们往往凭一时欢愉的心性而做出错误的选择，或者在体验过程中得出不恰当的体验结果，这是缺乏自我引导能力所致的结果，他们需要培养自我引导的能力。

（五）憧憬美好未来，积极参与生活，但缺乏生活挫折意识

当代大学生对人生充满了美好理想，憧憬未来，关心个人的发展，渴望参与生活。尤其是近年来我国社会稳定，经济快速发展，社会为有一技之长的大学生提供了更多的创业机会，给大学生提供了发展空间，也提出了更大挑战。从对已经毕业大学生追踪调查的结果上看，绝大多数学生都能很快适应新的生活环境、新的工作环境，他们将现实生活作为追求真理的场所。这体现了他们思想的进步性。然而，理想生活往往与现实生活存在一定差距，这是一个不可避免的现实境遇。当遭遇这种困境时，有的大学生信心倍受打击，当初的学习、生活激情骤然消减，从此或一蹶不振。他们更缺乏勇气去战胜挫折。

三、行为特征

大学期间，正是大学生生理、心理和思想急剧变化，走向成熟的关键时期，这一时期的大学生行为呈现出较其他群体或其他阶段许多不同的特点。我们可以从学习行为、人际交往行为、网络行为和利他行为四个方面来观察他们的行为特征。

（一）沉稳性与突发性并存

当代的大学生有比较完善的知识结构体系，有较好的思想文

化素质，这些都决定了当代大学生对自己的行为有较强的责任意识，在面对问题和困难时，大多能够比较冷静、客观地进行分析，找出对策，并对自己行为的后果有一定的预见性。他们的思想、行为都比较稳定且有一定的延续性。但是，由于大学生处于青年这样一个特殊年龄阶段，血气方刚，对人情世故不甚了解，缺乏经验，难以对事态的发展有全面的考虑，容易被冲动情绪所左右，做出错误的选择，其行为结果有着极大的破坏性。

（二）目的性与随意性并存

大学生的学习生活带有明显的目的性，他们认真学习专业知识，拓展自己职业技能，不断地考证、培训，以期将来更顺利地地参加工作，在激烈的竞争中获得一席之地。也正是这种目的性使他们在大学期间的行为、活动有了明确的指向，对端正他们的学习态度，激发他们的学习热情，成长成才有一定的积极作用。但是，大学生的行为又带有明显的盲目性、随意性，如早恋、酗酒、游戏、赌博等，这些行为与大学生自身成才要求相背离，不利于学生的成长和发展。

（三）网络行为文明自律，但更需要他律

网络时代，大学生已把上网作为自己获取信息、了解社会、提高自身思想文化素质的重要渠道。互联网作为信息传播的新媒体，正在对大学生的学习、生活、思想观念产生着广泛而深刻的影响。大多数学生的网络行为比较文明，但也有不容忽视的问题。网络打破了信息传播的空间限制，使各种合法或不合法、健康或不健康的信息以非同寻常的、超乎人们想象力的速度快捷方便地进入大学生网民的视野，渗透到大学生的学习、工作和娱乐等方面。因此，高校在规范大学生网络行为、净化网络环境、倡导网络文明等方面应发挥重要作用。

（四）利他行为正在不断弱化

如今，大学生利他行为弱化现象愈来愈普遍。社会环境的急

剧变化，使处在竞争环境中的大学生青年不得不经常考虑个人的发展。在市场规则不健全的情况下，社会上大量的利他行为都带着强烈的利己目的，这强化了大学生对利他行为的怀疑心理和排斥态度，并将这种思维方式衍化到学习、生活的其他方面。另外，不良风气对大学生责任感的负面影响也使得大学生与社会的心理距离逐渐拉大。这些正是造成大学生利他行为弱化的直接背景。

总之，社会转型和新时期的发展，对人才的培养质量提出了新的要求。我国的高等教育一直以来就被期望担负起为社会培养合格人才的重任，而高校学生事务管理在人才的培养过程中具有越来越重要的作用。在新时期的社会特点和新时期学生群体特征的背景下，高校学生事务管理必然要突破传统的管制式和封闭式管理模式，向有利于新时期人才培养的管理模式转变。

第三章　国际视野下高校学生事务管理实践研究

高校学生事务管理工作是有规律可循的，在不断总结经验的基础上，抓住学生日常管理的关键环节，对学生实施及时有效的规范和养成教育是学生事务管理的重要切入点和着力点。这对于形成学生良好的风气和行为习惯具有重要的作用，也决定着高等教育管理的成败和人才培养目标的实现程度。学生事务管理实践的内容有很多，其中比较关键的包括新生与毕业生管理、社会实践与素质拓展管理、学习与生活管理等。本章就对这些内容进行相应的探讨，同时对国内外高校学生事务管理的实践进行一定的比较。

第一节　大学新生与毕业生管理实践

一、大学新生管理

大学是人生的一个新起点，对于踏入大学的新生而言，大学生活与中学生活有了很大的变化，需要大学新生予以良好适应。在社会实践中，很多大学生在入学之初都难以适应大学生活，因此加强大学新生管理十分必要。

（一）大学新生管理的原则

（1）实事求是原则。在新生管理的工作实践中要把握实事求是的原则意义在于，既不夸大大学环境对新生学习和生活的影响，也不缩小学生在面对环境适应问题上的主观能动性；既鼓励学生看到环境的优点和正面作用，又要警戒和激励学生珍惜大学时光，在有限的空间和时间内，完成自我升华。

(2)因材施教原则。大学新生的管理工作是一项复杂工程。新生来源区域分布广、个性差异较大，尤其是近年来的新生大部分都是00后，在短时间内将他们团结在一个班级、专业或年级等群体时，要注意他们性格特点、家庭环境、兴趣爱好等方面的差异，如发动性格外向的同学在自我组织管理方面的表率作用，鼓励性格内向的同学主动参与集体活动等。

(3)循序渐进原则。人对环境的适应是需要过程和时间的，尤其是新生既面临适应环境的压力，还要应对从高中生到大学生的心态转换。因此，在针对新生的管理工作中，不能操之过急，在鼓励学生对环境的适应过程中要把握好循序渐进的适度原则。

(二)大学新生管理的主要内容和方法

1. 做好新生入学辅导

在高校中，大学新生的入学辅导是指“高校组织与学生事务管理者协助大学新生成功地熟悉大学校园、了解大学文化、融入大学氛围、体会高校学生生活的指导性教育活动”①。

高校新生辅导工作主要是帮助新生熟悉校园的方方面面。具体包括熟悉学校的设备、服务以及各项活动等；帮助新生了解学校的各项规章制度；帮助新生了解新入学可能会发生的各类事件，并学习一般的应对策略；帮助学生了解学习、课程等方面的规定；帮助新生规划自己的学习、生活；帮助新生根据自己的实际情况制订适合自己、科学合理的选课计划；帮助新生学习读书、研究、写作的技巧；帮助新生扩展人际关系；帮助新生增进与他人分享个人经验的机会；帮助新生明确自己接受大学教育的目的，建

① 储祖旺．高校学生事务管理教程[M]．北京：科学出版社，2009：192.

立自我教育的目标;等等。

2. 建立和健全新生管理组织

考虑到新生的特点,有些学校把新生的教育和管理机构从老生中独立出来,成立由学校统一管理的新生管理系统,配备具有丰富的学生工作经验和认真负责精神的班主任、辅导员进行管理。新生的管理和教育以及各种活动统一由新生管理机构根据新生的特点统一安排。实践证明,这种办法能收到较好的成效。组织上需要解决的问题是新生管理如何和各系联系和衔接。这类组织可以是临时的,也可成为正式的,如有些学校的基础部。

此外,在新生管理中,组建一支班委会也是十分重要的,而组建班委会的关键在于挑选和推荐学生干部。要采取死材料和活材料相结合的办法,即不仅看档案材料中反映的担任过学生干部的经历,还要根据新生到校后一段时间的表现来挑选干部。但为了组织活动方便,可以先指定一两个临时负责干部先开展工作,然后根据学生在活动中的表现组织学生推选班干部,为学生服务。

3. 重视和加强宿舍管理

新生一进校,首先面临的是宿舍的集体生活。新生能不能在一进校就形成一个良好的宿舍生活环境,这对其健康成长极其重要。多年来,由于我们忽视宿舍管理,有些大学生宿舍成了错误思想滋生、违法乱纪的场所。所以新生一进校就要加强管理,以便营造培养良好的生活习惯、守纪精神和文明行为的宿舍环境,这对大学生的成长具有十分重要的意义。

加强新生宿舍管理要发挥优秀干部的作用,注重寝室长的挑选和培养。要集中室长进行宿舍管理的训练,要告诉他们宿舍管理的意义和各种规章制度,要告诉他们如何管理内务卫生,如何开展各种精神文明活动、如何开展寝室团结与合作,以及怎样建立值日生制度和大扫除制度。对寝室长也应制定工作职责,加强考核与督促,对管理能力较强的寝室长也要予以表扬。

4.进行规章制度教育,让新生形成良好的学习生活习惯

良好的开端是成功的一半。一方面,在完善各项管理规章制度的基础上,要利用军训期间的氛围优势,加强学生对各项规章制度的学习,包括学校的学籍管理制度、行为管理和违纪处理制度、宿舍管理制度、安全管理制度等,可以采取集中宣讲、与高年级学生座谈、知识竞赛等多种形式。总之,要让学生知道在大学里应该做什么、可以做什么和不能做什么,要强调各项规章的严肃性和权威性。另一方面,对学生的管理一开始应该尽量严格,纠正部分学生"大学是自由的""大学学习很轻松"等思想认识误区,增强学生的遵纪守法意识、自我安全防范意识,帮助学生明确学习目标,端正学习态度,增强努力进取之心,进而形成和巩固学生日常管理的良性循环。

二、大学毕业生管理

这里的大学毕业生主要指的是正处于毕业阶段的大学生。对于他们来说,主要面临的问题就是在社会如何发展自己的事业。因此,大学毕业生管理的内容主要是通过职业发展与就业创业指导,帮助大学毕业生掌握相关的就业创业技巧,提升相关能力,从而顺利步入社会。

(一)大学毕业生管理的原则

(1)以学生为中心原则。大学毕业生管理以学生为中心,就是要把大学毕业生作为管理工作的主体,在管理工作中切实尊重大学毕业生的主体需求,把握他们的主体特点,有针对性地为他们提供一流的、高效的指导与服务。这就需要高校在就业工作体制、就业工作队伍建设、就业制度制定等方面充分考虑学生的需求与利益;要从就业信息、就业指导、就业创业市场开发等环节为学生提供个性化、人本化的就业创业服务;要把学生利益放在首

位，把就业工作当成一项关爱工程。

(2)以服务为取向原则。这是指高校管理者在开展毕业生管理工作时要以服务为主要内容和价值取向，不断强化自身服务意识，丰富服务内涵，时刻把有利于提升大学生就业能力、为大学生就业提供帮助作为自身工作的出发点和归宿，充分发挥“尽我所能、想您所想”的工作理念，在服务方法上与时俱进，提升就业服务的专业化水平，最终提高大学生的就业质量。在就业指导方面，管理者一定要本着服务的理念，帮助大学生明确职业定位，提供就业导航服务。就业导航服务是就业指导教师充分利用各种有效工具指导学生在兴趣、能力、价值观等方面进行科学的评估分析，帮助他们认真理清和分析学业完成的情况，建立毕业生就业档案，为他们明确职业定位提供导向服务。

(3)以育人为指归原则。这是指大学毕业生管理要坚持“育人为本”，要将育人贯穿于毕业生管理的每一环节，通过育人与管理相结合，促进大学生全面发展。这一原则是由大学毕业生管理的本质属性所决定的，是由大学毕业生管理所承载的职责所决定的，也是西方发达国家毕业生管理的成功经验和世界大学毕业生管理的发展趋势。贯彻这一原则需要高校立足和定位于大学生的生涯发展，体现帮助大学生实现职业理想的终极关怀；在对大学生的就业教育、管理、咨询、指导与服务中，始终考虑如何有利于学生的全面发展，如何有利于学生的成长成才，如何有利于实现学生的职业理想和人生目标；强化大学毕业生管理的思想政治育人功能。

(二)大学毕业生管理的主要内容和方法

1. 职业发展辅导

这部分内容又具体包括以下几个方面：

第一，帮助大学生自我认知。通过课程、咨询、工作坊、在线工具等帮助大学生进行清晰的自我认知，让他们更好地了解自己的兴趣、性格、价值观、技能等。

第二，帮助大学生了解社会，积累职业信息，了解专业。虽然在我国的高校，转换专业不是很容易，但是引导大学生去认识自己的专业仍然是非常重要的一个内容。在认识专业的基础上，向大学生介绍职业世界，让他们了解职业的种类、领域以及不同职业对人的要求，激发大学生对某种职业领域的兴趣，引导大学生进行最初的职业探索。大学生在了解职业、了解自我的基础上，找到职业发展方向，发展正确的职业自我概念，提高自我决策能力。

第三，帮助大学生提升职业素养。这是指帮助大学毕业生通过前期的自我探索和职业探索活动，了解岗位需求，有针对性地采取行动，提升目标职业所需要的各种职业素养，包括领导能力、人际沟通能力、语言表达能力、时间管理能力等。

2. 就业信息服务

在当今这个信息大爆炸的时代，对于面临求职择业的大学毕业生来说，在清晰地认识自身条件的同时，获取的就业信息越多、把握就业信息的速度越快，拥有的就业资源就越多，竞争力也就越强。所以，高校为大学毕业生提供就业信息服务就成了毕业生管理中的重要内容。有调查显示，高校就业中心平均有三分之一的时间放在了就业信息提供和就业渠道开拓的工作上。具体包括招聘会的组织、就业信息的发布、就业市场的维护和开拓、实习渠道的维护和开拓等。总之，为了给毕业生提供真实、准确、及时、有效的就业信息，确保大学毕业生就业工作的顺利进行，高校就业管理人员一定要利用各种渠道广泛、全面、准确地搜集与大学毕业生择业有关的各种信息，不断完善和创新就业信息的系统管理工作。

3. 求职指导

求职指导是帮助大学生提高求职能力的必要环节。高校在毕业生管理中一定要重视求职指导。这一内容主要指通过课程、工作坊、个体咨询、模拟面试等方式，帮助大学生学习简历的撰写、如何笔试、面试等，帮助大学生提升求职的准确度和命中率。

4. 校园招聘活动的组织

校园招聘活动对大学生成功就业有着重大的意义。它有利于为大学毕业生提供更多的就业机会，有利于提高大学毕业生的就业能力。对于校园招聘活动，管理者应重点做好以下工作：一是做好宣传推广工作，利用新闻媒介宣传、印发宣传品、电话联系、寄发邀请函等形式组织用人单位参会；二是以海报、网络、短信等形式广泛通知毕业生参会，并系统全面地传递招聘会相关信息；三是招聘活动组织过程中要确保安全，加强就业服务的针对性；四是加强对用人单位、毕业生的诚信认证，防范“就业陷阱”。

5. 就业研究

国内高校从事职业发展与就业指导的理论框架更多的来源于国外，但因为文化背景、实际情况的差异，两者之间还存在很大差异。所以，为了提高就业指导水平，使职业发展与就业指导工作更具科学性、专业性、有效性，高校就业管理人员应根据本国国情、本校校情，在理论体系、实施方法、师资建设等方面开展本土化的研究。

6. 创业教育

高校不仅要指导大学生顺利就业，还应当加强大学生的创业教育，引导大学生从就业走向创业。高校创业教育活动的开展应当着重抓住以下几个方面。

第一，培养大学生的创业意识。要教育和引导大学生更新就业观念，增强创新意识，培育创业精神，增强自主创业的信心和勇气。同时，还要使大学生意识到，创业者既是个人命运的主宰者，也是社会财富的创造者。创业不仅实现了自我就业，还为社会提供更多的就业岗位。创业是最理想的职业，也是最可靠的就业。

第二，提高大学生的创业能力。创业是一种复杂的劳动，创业者需要有卓越的综合能力，主要包括敏锐的洞察能力、科学的决策能力、选用人才的能力和社会交际能力。创业教育就是要着力提高大学生创业技能，培养大学生良好的个性，发展大学生的创造力。

第三，积极开展大学生创业实践活动。“实践是检验真理的唯一标准”，因此，在大学生创业教育中，创业实践活动是非常重要的。它能使大学生进一步巩固知识，激发创业欲望，提高将所学知识和技能转化为实际运用的能力，还能培养情感和意志，树立坚定的社会责任感，进而实现创业所需综合能力的全面提高。全社会要营造良好的氛围，促使更多的创新型、创业型、复合型的高层次人才竞相涌现。加强大学生创业教育的实践训练，可以成立专门的大学生自主创业管理机构，对大学生的创业实践与训练工作进行指导与协调，帮助大学生从实践训练中体会自主创业的感觉、形成自主创业体验；可以采取“引进来、走出去”的方式，将企业的高级技术人才和管理人才请到高校对大学生进行技术指导和管理培训；可以鼓励、支持大学生利用实训期、寒暑假等机会到企业进行学习、交流和理论知识讲授；可以自办企业，为本校大学生提供实习实训和创业机会；可以组织创业大赛，将比赛中脱颖而出的大学生推荐到相关企业进行实习；可以鼓励大学生利用课余时间、周末、寒暑假创立一些小型的实体。

第二节　大学生社会实践与素质拓展管理实践

一、大学生社会实践

（一）社会实践的含义及外延

社会实践是提升大学生综合能力的有力举措，是加强和改进大学生思想政治教育的重要途径。坚持政治理论教育与社会实践相结合是加强和改进大学生思想政治教育的一项基本原则。

1. 实践与社会实践

马克思主义认为，实践是人们为满足一定的需要而进行的能动改造和探索物质世界的活动。实践的主体是人，人的活动与社会有着紧密的关系。因此，实践具有社会性。根据实践的最基本的形式可以把实践分为生产实践、社会实践和科学实验。其中，社会实践的本质是人类在改造客观世界的同时使自己的主观世界得到改造，适应社会存在，从而能动地创造自己的社会生活，满足自身发展的需要，以建构自己所追求的理想世界。

2. 高校思想政治教育范畴里的社会实践

高校思想政治理论课的社会实践是指在社会范围内进行的有关实践活动，主要包括参观考察、社会调查、志愿服务、义务劳动等活动。社会实践是人类活动的一种普遍形式，而高校思想政治教育范畴里的社会实践不是一般的社会实践活动，是具有明确目的的思想政治教育活动，是社会实践的一种特殊形式。

（二）社会实践的类型和流程

1. 社会实践的类型

我国大学生社会实践活动的内容丰富、形式多样。社会实践活动基本类型的划分标准并不统一，本文按照社会实践活动开展的时间，将其划分为课程学习中的社会实践、日常课外社会实践和假期社会实践三个基本类型。

(1)大学生课程学习中的社会实践

大学生课程学习活动是高等教育的最重要且最主要的组成部分，是教师和学生投入主要时间的学习实践形式，是培育大学生健康成长成才的主要方式。大学生课程学习中的社会实践是在理论和实践相结合的教学理念指导下，科学布局教学工作，根据不同的学科专业设置不同的课堂理论教学环节和实践环节。这种社会实践，以教师作为主导者，通过教学，使学生发生理念、知识、技能、能力等方面的改变；以学生作为主体，通过课程学习实践，不断进行认识—实践—认识的反复循环，达到认识事物的目标。总之，该实践是以丰富多样的教学形式作为载体开展的以促进学生全面发展的活动总和。它是师生高度互动的学习实践活动，是大学生社会实践在高校教学平台运行的基本类型。

(2)大学生日常课外社会实践

大学生日常课外活动是除去课程学习活动，占据大学生在校学习生活的另一主要组成部分，是高等教育另一个重要的教育阵地，是以教师间接参与、学生主动参与为主的学习实践形式。大学生日常课外社会实践是在学校的指导和规范下，以教师为引导者，以学生为主导和主体，学生主动策划、实施，以课外时间为活动时间，以学生兴趣为牵引，以丰富多样的活动形式为载体，引导学生强化专业实践、走进社会，促进学生全面发展的活动总和。它是学生间高度互动的学习实践活动，是大学生社会实践在以校园为主要平台，并辐射校园周边的基本类型。大学生日常课外社会实践活动可根据实践内容分为道德修养类实践、人文素养类实践、学术科技类实践、创业实践、志愿服务类实践和勤工助学类实践六大类。

(3)大学生假期社会实践

大学生假期社会实践是以党的教育方针为指导思想，学校具体指导和安排，以教师为引导者，以学生为主体，以假期时间为活动时间，以学生的实际情况为基础，以丰富的社会资源为依托，以顺应时代、弘扬时代主旋律为主题的实践活动形式为载体，引导学生走出校园，走进社会，深入了解国情和社会情况的系列活动总和。它是学生与社会间高度互动的学习实践活动，是大学生社会实践在社会平台运行的基本类型。大学生假期社会实践活动可根据实践内容分为社会调查实践、生产实习实践、志愿服务实践三大类。

2. 社会实践的流程

社会实践根据主题和类型的不同，流程也有所区别，但是从总体来讲大同小异。社会实践活动的基本流程如下：

(1)组建团队。社会实践团队可以是几位志趣相投的学生，以学院为单位组队，也可以视具体情况，跨院系、跨专业、跨年级自由组团，还可以由负责学生工作的老师牵头组团。

(2)确定主题。各团队可以根据自身实际情况，选择感兴趣的话题作为实践主题，并根据主题选择实践地点和设定实践计划，提前联系好接受单位。为方便与实践地点及接受单位联系，学校或学院的主管部门可开具社会实践介绍信、证明等。

(3)申报立项。各团队根据准备情况和联系情况，需在规定的时间内向学校或学院的主管部门提出立项申请，明确实践主题和内容。

(4)项目审核。学校或学院主管部门对上交的各团队项目内容进行审核，并组织立项答辩，进一步明确实践主题和内容，最终确定批准的团队及重点资助的团队。

(5)经费审批。学校或学院主管部门可根据地区导向、主题导向、路程远近、人数多少、项目价值、筹备情况、答辩情况等因素进行综合考虑，确定各队的经费支持力度。

(6)开展实践。各团队奔赴目的地，根据之前明确的实践主题和内容开展相关社会实践活动并记录社会实践日记，撰写社会实践报告。

(7)评比表彰。实践结束后每个团队提交一份社会实践调查报告和若干活动照片，团队的每名成员提交一份个人社会实践调查报告、论文或日记。学校或学院主管部门组织评委对社会实践团队工作情况进行评审，确定优秀社会实践调查团队、社会实践先进个人，并进行表彰。

(三)我国大学生社会实践存在的问题及对策

1. 我国大学生社会实践存在的问题

为了找出一条更加明确的问题链,我们按照活动进程阶段分解的方式对社会实践活动分成三个阶段,逐个分析,力图得到更加全面清晰的分析结果,为问题根源的追溯和解决问题方式方法提供更加有利的思路和条件。

(1)实践活动的前期准备阶段存在的问题

从认识的角度看,社会实践的三个主体对社会实践目标与意义的认识不够,这是造成现存的很多问题的根源,关乎教育的成效。解决该问题不仅需要多方面的共同努力,而且任重道远。这里说的三个主体主要包括学校、学生、用人单位。当然,学生家长也是社会实践过程中具有影响力的一个群体,但由于其有限的参与份额,我们并不将其列入关键因素之中。这三个主体可能对什么是社会实践、为什么要参加社会实践以及社会实践的内涵还没有足够的了解和认识。这种目标的模糊性和意义的不确定性使得三方主体没有足够的热情或参与或支持社会实践活动。

(2)实践活动的进行阶段存在的问题

首先,较多社会实践活动只是流于形式。一些学校为了应付上级部门下达的任务,表面重视,实则短期活动行为多而已。另外,有些学生也存在着投机取巧的行为,如通过各种关系开一个假的社会实践鉴定,这不仅无法达到社会实践的效果,而且使自己养成了不劳而获的习惯,更损坏了自己的名誉。当然,用人单位或者被调查机构不配合也是一个常见的问题。

其次,个人返乡实践的能量是单薄的。在实践活动中,遇到的很多问题单凭一个人的力量是无法解决的,需要其他人的协助或是需要合理有效的分工才能顺利完成任务。大学生返乡实践很少,且多是个人的,很难完成社会实践任务。

最后,学校缺乏足够稳定的物质依托。在社会实践方面,虽然学校有一些经验，但是通常没有固定的活动领导小组、有效的考核方法与奖惩制度，在学生出现问题的时候也缺乏相关及时的理论与行动指导。制度不完备的同时物质也并不充足，表现为许多学校都存在经费紧张的问题，而学校非但没有采用正确的渠道解决问题，还往往采用缩短实践时间和实践距离的方式节约开支。

(3)实践后期评价与推广阶段存在的问题

目前各高校对大学生社会实践没有一套科学的评价制度。主要表现在以下两大方面：一是缺乏组织制度；二是缺乏检查制度。往往只是开学后递交一篇社会实践报告和单位证明，对于报告一般只有字数规定，这样的评价是有失公平的。

学生没有动力对实践相关过程进行深入的思考与细致的总结，自然也容易导致官话、套话连篇。这样一来，社会实践对于学生来说也就没有什么实际的意义了。另外，激励机制不健全。社会实践活动搞得好坏与否没有多大的差别，搞得好得不到肯定以及奖励，搞得坏也不用担心受到批评，因此也就没有多少人愿意付之劳动和思考，社会实践也就成为一纸空文。

2. 对策与建议

要真正实现社会实践对大学生的育人作用，使之广泛、深入、持久地开展下去，那么高校就一定要以人为本，以实践育人为根本思想，根据当前和未来经济社会发展形势，结合高校、大学生自身等的实际和发展要求，不断深化对大学生社会实践的认识，不断完善、健全大学生社会实践的制度体系，不断丰富、创新大学生社会实践的组织形式。这需要各个社会主体的共同参与支持。具体而言，可以从以下两大方面入手。

第一，深化认识，转变观念，高度重视大学生社会实践在人才培育中的作用。要做到这点，需要从三个方面入手：一是要结合实际，创新意识，更新高校社会实践的指导思想；二是要以人为本，加强教育，深化大学生的社会实践主体意识；三是要加强宣传，注重沟通，更新社会对大学生社会实践的认识。

第二，完善制度，注重过程，建立大学生社会实践的长效机制。在社会实践的初期阶段，要建立制度，夯实基础，完善大学生社会实践育人体系；把握宣传时机，深化实践意识，建立良性循环的社会实践宣传工作；建立培训体系，规范实践，帮助学生提前应对问题。在社会实践的中期阶段，要构建实践体系，注重思想政治教育，引导学生科学策划具体实践；与社会接轨，整合资源配置，健全社会实践保障机制。在社会实践的后期阶段，要科学设计，合理评价，优化社会实践考评机制；注重总结提炼，把握后期宣传，促进实践成果内化育人。

社会实践后期的总结提升是非常重要的，不但是对实践成果的总结提炼，还是很好的宣传教育手段。通过提交实践论文、重点实践队答辩等环节，引导学生对整个实践过程进行总结提炼，使得学生从实践中汲取丰富的养分，形成优秀的实践成果，为今后的实践提供非常有价值的第一手资料和宝贵经验。通过对重点实践队的专题追踪、深度报道和成果展示，扩大影响力，为引导和推动社会实践活动的深入发展提供良好的舆论环境。

二、大学生素质拓展实践

（一）素质拓展的概念

拓展一词来源于英文“Outward Bound”，起初是作为一种独特的训练方式，通过专门设计具有针对性和挑战性的课程，利用种种典型的场景和活动方式，让团队和个人经历一系列的考验，磨炼克服困难的毅力、培养健康的心理素质和积极进取的人生态度、增强团队意识的一种体验式学习方式。拓展训练课程强调健身性、挑战性、终身性和实用性，突出学生学习的主动性、积极性和创造性，具有途径多、方法多样、形式灵活、内容丰富等特点。它能激发学生的学习兴趣，满足学生学习的需要，加强学生的主体地位，让每一个学生都能找到自己在集体中的位置，重视学生能力的培养，这也正体现了现代教育理念。

在此基础上，高校学生事务管理引入了拓展这个概念，并将其与大学生的素质相结合，开展大学生素质拓展教育，提高大学生综合素质。素质拓展着眼于大学生个体的内在潜能，根据个体差异给予充分的引导、激励、唤醒和鼓舞，使每个大学生的潜能得到最大限度的开发，将作为人的本质的创造精神引发出来，使大学生成为自主自觉、和谐发展的健全个人。

（二）大学生素质拓展实践的内容

1. 课外实践

随着知识经济时代的到来，社会迫切需要高等院校培养出更多具有创新精神和实践能力的高素质人才。作为教育学概念的课外实践，是指学校有目的、有组织、有计划地在不受教育计划、教学大纲、教科书限制的条件下，利用课余的时间和空间在学生中开展的多种多样的教育活动。这些活动对培养具有创新意识与创新能力的人才，推进高校管理者不断自我完善、自我提高，促进高校与国家创新体系的进一步完善具有十分重要的意义。

2. 通识教育

通识教育作为一种提高学生的人文素养、社会适应能力以及社会关怀精神而实施的教育，是指大学教育应给学生全面的教育和训练。通识教育的内容是高等教育的重要组成部分，指职业性和专业性以外的那部分教育，其实质是继承自由与人文传统，培养健全的个人和自由社会中健全的公民，使学生全面理解人类社会及科学技术的发展规律。

大学生享受优越物质条件的同时，越来越感到精神迷茫、心灵空虚和情感压抑。通识教育是造就具备远大眼光、通融识见、博雅精神和优美情感人才的高层文明教育和完备的人性教育，是关注人的生活的、道德的、情感的和理智的和谐发展的教育，是关于人的生活的各个领域的知识和技能的教育，是非专业性的、非职业性的、非功利性的综合性教育。因此，高校的学生事务管理者应逐渐加大对通识教育的重视程度，积极引导学生开展丰富多彩的第二课堂活动，营造良好的校园文化氛围。

3. 领导力培养

领导力是一种人格魅力，拥有这种魅力的人，能够在一些团体中迅速地得到认可，并充当起核心的角色，引导团体的某一些决策和行为。领导力应包括情绪稳定、主导能力、勤勤恳恳、处事大胆、意志坚强和自制力等素质。

高校在今后的学生事务管理中，应列入领导力培养的内容，积极营造培育和熏陶领导力的有利环境，为学生成长进步创造良好氛围，并把提升领导力的理念与学生日常事务的管理、学生活动组织以及每个人的日常行为举止巧妙地结合起来，使领导力的提升变成每个人的日常需要。

4. 交往能力培养

大学时期是一个关注交往、需要理解、渴望友谊的时期。在人际交往日益频繁的今天，交往能力也越来越受到大学生的重视。大学生在经历了大学教育后，最终大多还是要归于社会。通过人际交往结成一定的人际关系，是大学生适应环境、适应社会生活、交流信息、获取知识、担当一定社会角色、培养健全人格的基本途径。在大学校园里建立良好的人际关系，形成团结友爱、朝气蓬勃的环境，将有利于大学生形成和发展健康的个性品质。因此，培养大学生的交往能力、养成正确的人际交往观念具有十分重要的意义。在高校的学生事务管理中，必须加强对学生交往能力方面的教育和引导。

第三节　大学生学习与生活管理实践

一、大学生学习管理

进入大学后，大学生的生活变得丰富了起来，但学习还是其最重要的任务。因此，大学生学习管理也是高校学生事务管理实践中的重要内容。进行学习管理主要是为了帮助大学生培养积极的学习意识，掌握科学的学习方法，养成良好的学习习惯。

（一）大学生学习的实质

“学习”一词，在我国古代原是两个词，即学和习。孔子曰：“学而时习之。”许慎认为，学“觉悟也”，习“数飞也”。用现在的话说，学就是使人获得知识，有所启示，提高认识；习就是象鸟儿来回飞翔一样，反复运用知识，形成技能技巧。学和习两个词到后来逐渐复合，成为含有今义的学习一词，其含义包括“博学、审问、慎思、明辨、笃行”五个环节，这是人类认知活动的一个相对独立的完整过程。

从最广泛的现代意义上理解，学习是指人在生活过程中获得个体经验及行为变化的过程，是“凭借经验产生的比较持久的行为变化”。即“由于外界接触及与其他人交往而使我们的行为所产生的某些变化”。在此意义上讲，活到老学到老，这是学习的第一个层次，即指一般人的学习。学习的第二个层次专指学生的学习，包括小学、中学和大学这三个阶段的学习，这是在特定条件下进行的一种有计划、有目的、有组织的认知（学习）活动大学生学习是第二个层次第三个阶段的学习，是大学生活最主要的内容；大学生在大学期间最根本的任务就是学习。学习是大学生获取专业知识和技能、提高综合素质和能力的过程，是大学生获得学习成果和学习效益的途径。大学生学习的实质就是大学生认知、提高和发展的过程，即从未知向已知、由知之不多向知之较多、自不完全不确切的知向较完全较确切的知的转变过程。

另外，就大学生学习活动而言，它是一个极其错综复杂的过程，大体可概括为三个基本阶段、七个基本环节。三个基本阶段是：基础学习阶段，偏重于基本理论、基本知识和基本技能的学习；专业学习阶段，主要是学习专业理论、专业知识和专业技能；技能训练阶段，侧重在实习、实践及所学理论知识与技能的综合运用。七个基本环节是：课前预习、课堂听课、课后复习练习巩固、课外学心、实践训练和毕业论文（设计）。

总之，大学生学习活动既是一个有机的系统和整体，又是一个不断进化与提高的过程，一般都必须依次经历三个基本阶段和七个基本环节，无论缺少了其中哪一阶段、哪一环节，都会破坏学习的周期规律，直接影响学习的效果。

（二）大学生学习行为的特点

大学生的学习行为具有以下三个方面的突出特点。

1. 专业性与广泛性并存

由于高等教育在培养目标、教学内容、课程设置上具有明确的专业划分，因而大学生的学习活动一般都围绕某一类专门性学科、依据专业的培养目标展开，其学习行为的专业性特征非常明显。不过，大学课程体系中也包含外语、计算机、思想政治等共同课程，伴随大学生学习活动空间的改变而逐渐从课内向课外拓展，他们还要经常根据自身兴趣爱好广泛涉猎、自主学习各种理论知识和技能。所以整体来看，大学生的学习行为既具有专业性，又具有广泛性。

2. 自主性与依赖性并存

当前高等教育实行学分制和弹性学制，因而大学生的学习行为具有鲜明的自主性特征。他们可以在完成规定课程学习的基础上自由选课,有较多的业余时间对学习目标和内容进行规划设计,有目的地开展学习活动。但是,大学生由于受到自身素质、知识结构、学习能力等方面的限制,他们在学习上还是存在一定的依赖性,需要得到教师的指导。因此,自主性与依赖性并存就成了大学生的一个重要特点。

3. 阶段性与整体性并存

大学生在大学学习的不同阶段,其学习目标和学习重点也往往各不相同。例如,本科生在一年级时学习处于过渡期,还处于中学和大学之间的转型阶段,其学习行为多侧重对专业基础知识和公共基础知识的学习。二年级时,大学生已经开始侧重进行各种专业理论和基本技能学习,这一阶段的学习行为往往呈现出一定的稳定性。到了大三,大学生的学习目标日益明晰,学习内容逐渐向纵深发展。围绕各自目标,学生的学习行为差别趋于明显。进入大四,大学生开始面对择业问题并即将走向社会,学习行为更具有实用化、实践化的倾向,如进行专业实习、毕业设计、参加就业技能培训等。虽然,在不同的阶段大学生的行为有不同的特点,但从整体上看,大学生的择业成才的学习目标相对确定、所学专业的学习内容相对稳定,学习行为始终围绕自身的学习目标和学习内容这一核心开展。所以,大学生的学习行为既具有阶段性,又具有整体性。

(三)大学生学习管理的主要内容和方法

1. 相关制度与机制的建设

(1)完善教学管理制度。规章制度是大学生学习管理的基础。根据教育部颁发的《普通高等学校学生管理规定》,各高校应结合自己学校的情况,制定相应的学生管理办法或实施细则,包括关于专业和课程修读方面的规定、学籍注册及异动的规定、学习纪律的规定、学业成绩管理的规定等。制定这些规章制度时，高校应注意依据国家的法律法规以及本校的相关办法进行，不能与国家法律和规定相矛盾；应充分考虑全体学生的利益，维护学生的学习权利；应与本校实际相符合，具有可操作性，具体细节规定尽量明确；应保持制度的连贯性，便于形成良好的习惯和风气。

(2)建立有效的学习激励机制。激励机制是大学生学习动力系统的重要组成部分。在大学生学习管理中，要建立有效的学习激励机制，学生事务管理者应尽可能做到以下几个方面：一是学业成绩的奖励可以是物质性的、精神荣誉的，还可以是给予更多更好的学习机会或学习资源，如进入实验班学习、有权获得借阅更多的图书资料、使用高级别的专用实验室等；二是开展必要的学习科技竞赛活动，并及时给予奖励，但要注意个人参与和集体(小组)参与相结合，便于相互学习和团结协作；三是建立公正、公平、公开的学习综合评价或考核体系；四是指导学生进行正确的学习结果分析，尽可能从自身内在因素(能力、努力、身心状态)和可控因素(努力)等方面寻找原因，对后续的学习行为产生积极的影响；五是严格课堂教学管理及课程考核与成绩管理，让学生形成认真严肃的态度。

(3)严格与学习相关的惩罚机制。在学习上，大学生如果不能按期按要求完成规定的学习任务，理应接受相应的惩罚。惩罚有的是直接给予式的，如处罚；有的是剥夺式的，如限制资格。需要注意的是，惩罚的目的在于让学生知过能改，制止其不良学习行为。所以，惩罚要适当适度，以利于引导学生自我评价和自我调节学习行为。

2. 学务指导

学务指导是大学生学习指导与管理的重要措施之一，是过去学习指导与管理的继承与创新。当前的学务指导更加强调主动服务于学生的学习，主动把关于学习的系统知识和技巧传授给学生，让学生学会学习，并激发学生学习的主动性、创造性。同时，关注学生学习中出现的各种问题，及时给予咨询和指导也是学务指导的重要内容。

与我国高校现行的班主任制度不同，学务指导对指导者（教师、学生事务管理者等）的业务素质要求更高，强调对学生的个别指导和针对性指导，强调学生本人的参与。作为一项针对性很强的实践工作，学务指导在学生所处的不同学习阶段有着不同的工作任务。在一、二年级，指导教师要介绍大学学习与生活的特点，使学生能够迅速适应大学的学习与生活；帮助学生了解学校各种可以利用的教学资源，引导学生充分利用这些教学资源，积极、主动地学习；介绍学科和专业的教学内容、研究方向和发展前沿，使学生尽早了解相关专业内容与发展方向；在充分了解人才培养方案及教学计划的前提下，尊重学生的兴趣和志向，注意知识结构的系统性，指导学生选课、选专业，对学生辅修第二专业给予建议和指导；在可能的情况下，安排学生参加一些学术活动。到了三、四年级，指导教师要尽可能地安排学生参加教学或科研课题研究，使学生在实践中接受系统的技能训练和科学素养的培养；同时，尽可能地让学生参加学术和科技咨询活动，鼓励和引导他们扩大视野，活跃创新思维；在学生选择职业等问题上给予指导与建议等。

3. 学习困难咨询

所谓学习困难，就是指大学生在学业成绩方面明显低于同学的平均水平，难以按照教学计划的要求顺利进行后续课程学习的一种状态。为了促进大学生学习效率的整体提高，学生事务管理者和学务指导教师应当对那些在学习上有困难的学生给予特别的关注。这就是学习困难咨询。它是大学生学习管理中一项重要的补充内容。

大学生是否存在学习困难，通常以学校制定的对学生进行学习成绩预警或认为需要进行必要处理的最低不及格课程门次或学分高低作为界定标准。比如，普通高校的大学生如果一学期不及格的主干课程达三门及以上;或一学期有10学分以上未取得;或在按教学计划正常修读课程中不及格课程学分累计达16学分及以上,视为学生学习困难,也称为学生“学业不良”。要想获得更好的学习困难咨询效果,高校学生事务管理者应坚持以学业评价为手段,加强学业状况的动态管理;采取有效的激励机制,促进学生的学业自律。要坚持预防为主、指导优先的原则,鼓励和帮助学业不良的学生自我调整和逐步改善学习效果。同时,以下几个方面也是做好学习困难咨询的重要措施。

第一,建立学业成绩的预警和过程干预机制。这主要是指对大学生每学期或学年取得学分总量进行监察,及时发现大学生学业上的不良状况,对取得学分过低的大学生进行调查分析和必要的干预,积极采取补救措施,指导和帮助大学生顺利完成学业。

第二,通过学习心理咨询,帮助学生调整学习状态。大学学习咨询要主动服务于大学生的心理发展需要,从心理根源上解决学习的动力问题。对大学生存在的学习态度和动机偏差问题、学习方法问题、专业认识等问题,进行指导咨询,细致耐心地回答和解决。

第三,开设学习指导讲座和课程,帮助学生改进学习策略。学习困难的大学生,除了学习动力不足,很多还存在学习策略不当的问题,如学习时间的管理策略、学习的自我监控和调节策略、环境与方法选择策略等。而开设专门的讲座和课程,能引导学生探索和掌握适合的学习策略。

4. 大学生课余学术科技活动指导

大学生课余学术科技活动指导是大学生学习管理的一个延伸内容。这一内容主要目的是鼓励在校大学生参加科研活动,更多地接受科学研究的基本训练,培养学生的创新精神和实践能力,促进浓厚的学术科技氛围的形成。

大学生课余学术科技活动的主要形式有大学生论坛、专家讲座、大学生优秀科研成果评奖、大学生课外科研立项及科技论文报告会等，以及“挑战杯”大学生课外学术科技作品及创业计划竞赛、电子设计大赛、数学建模大赛、机器人设计大赛等学科竞赛或专项竞赛活动。组织这些活动时，高校应成立大学生科技活动领导小组，负责全校学生课余学术科技活动的规划、领导、组织、协调。同时，成立学生科技活动专家指导委员会，负责各类课余学术科技活动的立项、指导和评审工作。当然，设立“大学生科技创新基地”，建立“大学生课余科研基金”、大学生竞赛基金专项经费等，也能很好地引导和支持大学生的课余学术科技活动，锻炼和培养他们的动手能力和创造力。对于学生事务管理者来说，要通过不同的途径和方式组织学生参与课余学术科技活动，把普及学生科技活动、动员学生积极参与课余学术科技活动作为自身重要的工作任务。

二、大学生生活管理

大学生的生活服务是一个由多领域、多因素、多环节组成的复杂系统。因此，对其管理，也是个系统工程。这里所研究的大学生生活管理，主要是从对大学生进行辅导、服务的角度进行研究的。大学生生活管理主要包括宿舍管理、就餐管理、安全教育管理这三大方面。

（一）宿舍管理

现在的高校学生宿舍已经发展成为学生生活、社交、娱乐的场所，不仅对大学生的健康成长有重要作用，而且是高校道德教育和思想政治工作的重要阵地，重视学生宿舍的思想教育是高校宿舍管理工作的重中之重。高校学生宿舍管理是指学校相关部门和人员按照指定的目标和规章制度对宿舍以及相关人员进行的管理。内容包括分配宿舍及人员管理、建立作息制度、公共区域管理、治安管理、卫生管理、维修制度、水电管理等。

从 1999 年起，我国开始了大规模的高校扩招。扩招政策实施以后，我国高等教育毛入学率有了很大的提高，实现了高等教育的大众化，高校学生数量的增加与高校资源紧缺之间的矛盾日益明显。与此同时，由于学生公寓化速度较快，大部分高校学生宿舍管理存在着重硬件改善、轻软件提高的“重建轻管”的现象。随着后勤社会化改革步伐的加快，学生宿舍也呈现出社会化的发展趋势，硬件条件得到明显改善。相对而言，作为软件方面的管理工作，改革步子还是不大。《教育部关于进一步加强高等学校学生宿舍管理的若干意见》明确提出：“在推进高等学校后勤社会化改革的过程中，对宿舍内学生的管理，特别是对学生思想政治工作和日常行为管理，始终是高等学校的一项主要责任。”

当前，学生宿舍管理出现各种问题，宿舍已经成为学生不良风气滋生的场所。第一，网络影响宿舍作息时间。如今，很多学生宿舍都能上网，但是很多学生缺少自制力，玩网游、看电影、聊天等，既影响自己和他人的休息，也带来学生心理上的浮躁。网络已成为影响到课率的重要因素之一。第二，“自我”影响宿舍内部团结。大学生以自我为中心的现象比较严重。部分学生缺乏人际交往能力，不喜欢和别人交流，在宿舍内部我行我素，容易导致矛盾。再加上宿舍成员因性格、生活习惯、家庭环境等不同而导致有些学生喜欢独来独往，不愿意加入到宿舍集体活动中，严重影响了宿舍内部的团结。第三，没有发挥寝室长、层长、楼长作用。虽然各个宿舍都有寝室长，但是他们发挥的作用很小。如何充分发挥寝室长、层长、楼长作用搞好宿舍管理，是一个值得研究的问题。第四，规章制度落实不到位。通常情况下，高校对大学生宿舍的生活、学习、道德规范等都做了规定，但很少有学生能从内心深处意识到宿舍管理规定的重要性，这导致规章制度落实不到位，发挥不了作用。第五，缺乏宿舍文化建设。价值观、人生观还没定型的大学生大多不具备深层次的审美情趣和艺术修养，极易受网络文化的影响，宿舍内文艺活动呈现出单调和低层次的特点，观看娱乐节目、玩网游成为主要娱乐方式。

对于上述问题，高校管理者要树立“以学生为本”的管理理念，以服务促发展，创造优良的宿舍环境。学生宿舍管理工作必须将教育与自我教育相结合、管理与自我管理相结合、服务与自我服务相结合。具体可从以下几点入手：

（1）明确职责，加强服务。学院领导及相关部门应该高度重视宿舍管理工作，要明确各职能部门间的协作关系和各自的岗位责任。同时，要加强宿舍维护，按计划逐年对学生宿舍的各种设施进行维修、更换和添置。另外，可以适当增加服务项目，为学生提供多种活动场所和娱乐设施。

（2）加强制度建设。建立健全规章制度，明确职责，使宿舍管理规范化、科学化。在学生宿舍管理中，应尊重、保护学生的合法权益；建立学生宿舍管理的监督、保障机制。

（3）加强网络活动的文化引导。一是开展一些网上教育、交流、讨论等活动，让学生认识到不良风气造成的影响，如学生的同居现象、商业文化、功利主义思想的冲击等，并自觉产生相应的抵抗力；二是开展一些融思想性、知识性、趣味性于一体的网上校园文化活动，正确引导广大学生参与的热情和兴趣，把主旋律引到健康的校园网络上来。

（4）充分发挥寝室长、层长、楼长的作用。高校管理者要提高认识，把以宿舍为中心的管理转移到以学生为中心上来。学生既是管理的承载体，也是管理的主体。学生本身就是宿舍的主人，他们对宿舍各种情况了如指掌，由他们来参与更能对症下药，更有针对性。大学生有丰富的知识、旺盛的精力和较强的参与意识，这为引进学生自我管理机制提供了可能。作为管理者，要善于引导，善于充分调动学生作为主体的积极性，发挥其主观能动性。对此，管理者要让学生认识到寝室长、层长、楼长等职务相应的职责和权利，要他们主动担任这个角色。同时，要定期对寝室长进行培训，帮助他们根据自己宿舍具体情况建立健全卫生值日制度、宿舍作息制度等，发挥寝室长、层长、楼长的监督带头作用，创造积极健康的宿舍文化氛围。

(5)开展竞赛活动，增强集体意识。竞赛活动的开展，能让宿舍所有成员团结起来，感受到集体的力量，增加同学间的相互理解和信任，利于构建和谐的宿舍环境。例如，可以开展创建文明寝室活动、宿舍棋艺大赛等活动。

总之，加强宿舍管理是做好学生管理工作的一个非常重要的途径，要借鉴国内外先进的管理经验，不断探索宿舍管理的新思路、新方法，把学生宿舍建设成育人阵地。

(二)就餐管理

大学生正处在身心发育极为重要的青年期，他们在校期间身体发育和体脑消耗所需要的营养，主要靠一日三餐的膳食提供。办好学生食堂，提高伙食质量，是保障教学顺利进行、增强学生体质的基本条件，也是巩固学校安定团结的重要条件之一，高校必须把它作为后勤工作的中心环节，切实抓紧抓好。

1. 学生食堂的性质

我国高校学生食堂具有鲜明的福利性质，具体表现在：国家按高校的规模投资建设学生食堂，无偿提供给学校使用；国家按学生人数划拨伙食管理费用，并规定学生食堂不纳税；学校成立伙食管理部门，配备炊管人员，购置炊具设备，把学生伙食工作作为后勤工作的重点来抓；国家规定学生食堂微利经营，伙食盈亏幅度要控制在能维持食堂的正常经营、少盈不亏的范围内，以确保伙食质量和学生的利益。我国高校学生食堂的这种福利性质，从20世纪50年代初延续至今，充分体现了党和政府对高等教育的重视和支持。它符合我国国情，对全面贯彻党的教育方针，培养德智体全面发展的合格人才，起到了支持和保证的作用。除了我国，世界上许多国家包括发达国家的大学也办有福利性质的食堂。据我国高校出国考察人员提供的资料，美国高校(社区大学除外)大多数都设有食堂，食堂的房屋、设施均由学校建好配齐后交学生经营，学校规定食堂不能营利；法国长期以来对大学学生食堂给予巨额补助，大学食堂每天供应中、晚两餐，明文规定学生用餐可享受50%的补贴；德国波恩大学有4个学生食堂，食堂职工的工资、能源消耗以及建筑设施的配备、维修均由州政府拨款解决，学生只付饭菜成本费；比利时历史最悠久的鲁文大学开办了7个非营利性的学生餐厅，国家给予一定补贴，其伙食收费比社会上营利餐厅要便宜2/3左右。这也同样从一个方面体现了这些国家对大学教育的支持和重视。

福利性学生食堂还将在我国继续办下去，这可以说是全国高校伙食管理同行的共识。如何将国家给予学生伙食有限的福利性补贴使用得更加科学，如何进一步提高学生食堂自身的生产能力和经营管理水平，则是当前高校伙食管理改革正在进一步探讨解决的问题。

2. 学生食堂的任务

学生食堂的主要任务是为大学生提供营养、卫生、可口、实惠的膳食，保证就餐者吃好、吃饱，从膳食中获取充分的营养和热量。

(1)保证伙食质量。抓好伙食质量是学生食堂的中心工作。伙食行家认为，衡量学生伙食质量的标准主要有三条：一是学生从膳食中摄取的营养是否达到基本要求；二是食堂的花色品种及其味道是否受到学生的认可和欢迎；三是食品的分量是否充足，价格是否合理。

据有关资料，我国大学生需要的热量，男学生应达到3 000大卡/天(12.6兆焦/天)，女学生2 700～2 800大卡/天(11.3～11.7兆焦/天)。根据这一标准，大学生每天饮食中，大约应含蛋白质75～80克，脂肪50克，碳水化合物500克，此外，还要有各种维生素等。食堂要参照这一科学依据，举办“营养卫生”讲座，普及营养卫生知识，培养、配备专职营养卫生人员，抓好食物的合理烹调，调整食品结构，注意食物的热量、营养等。改革配餐方式，发展基本配餐，开展药餐、营养餐研究，搞好营养性配餐、保健性配餐、医疗性配餐的供应，保障学生从食物中获得身体所需的热量和营养。

伙食的花色品种是否多样化，是评估一个食堂办得好不好的标准之一。增加花色品种要注意摸透就餐者的需要，加强采购员、厨师等各个工种的配合，多搞一些对路、合口、方便、有特色的食品。在保证基本品种的数量和特色的基础上，不断增加花样。要讲究烹饪技术，尽可能做到色、香、味俱佳，丁、丝、条、块搭配有致。

食品分量充足，价格公道合理，是学生吃饱、吃好的前提条件。我国大学生通过勤工俭学获取报酬的机会不多，伙食费主要依靠家长负担。大部分学生家庭又尚未达到小康水平，过高的伙食消费，学生家长承受不起。因此，学生食堂必须坚持以品种多样化为特色的方针，严格成本核算制度，堵塞漏洞，减少浪费，降低伙食成本，为学生提供质好量足、价廉物美的主食和菜肴，保证广大学生吃得起、吃得好。

(2)加强食品卫生。食品卫生是学生健康的保障。为了保证食品卫生，防止食品污染和有害物体进入人体，杜绝食品中毒事件的发生，学生食堂必须严格遵守《食品卫生法》，严把原材料的采购、贮存、加工、出售等主要环节。食品卫生从业人员要持证上岗，按卫生操作规程工作。坚持“五四卫生制度”，即由原料到成品实行“四不制度”：采购员不买腐烂变质的原料，保管验收员不收腐烂变质的原料，加工人员（厨师）不用腐烂变质的原料，服务员不出售腐烂变质的食品；成品（食物）存放实行“四隔离”：生与熟隔离，成品与半成品隔离，食品与杂物、药物隔离，食品与天然冰隔离；用（食）具要“四过关”：一洗，二刷，三冲，四消毒（蒸汽或开水）；环境卫生要做到“四定”：定人、定物、定时间、定质量；从业人员个人卫生要做到“四勤”：勤洗手、剪指甲，勤洗澡、理发，勤洗衣服、被褥，勤换工作服。同时，要严防患有肝炎、肺结核、皮肤病、痢疾、伤寒等疾病的人员从事饮食工作；饮食从业人员要掌握预防食品中毒的常识，饮食管理部门要制定预防中毒预案和具体措施，切实把好食品卫生安全关。

(3)搞好物资供应。物资供应工作是伙食工作的先行和保证,也是降低伙食成本、提高伙食质量的重要条件。根据许多学校的经验,搞好伙食物质供应关键要抓好两项工作:一是自办副业,以副补伙;二是集中采购,保证需求。高校学生食堂应该充分利用自身的优越条件,开展一些效益较好的副业生产,如饲养猪、鱼,生产豆制品、糕点等,自产自销,价廉物美。所得收入用以补贴食堂伙食,同时适当增加炊事员收入,以调动他们工作的积极性,达到以副补伙的目的。

饮食管理部门集中采购各食堂需要的米、面、油、荤食、调味品、蔬菜等物资,要求采购人员及时了解市场信息,与供方形成合同供应关系,及时进行合同评审,做到货比三家,批量购入。既可以明显低于市场的价格供应给食堂,又可堵塞漏洞,减少运输消耗,保证物资质量。近几年来,物资集中采购的办法已在全国许多高校推广,取得了较好的管理效益。

(4)服务育人。学生食堂的服务对象是大学生,炊事人员和青年学生朝夕相处,他们的工作作风、服务态度不仅能够对学生思想、品格的形成产生潜移默化的影响,而且还会对他们的就餐情绪、食欲乃至消化吸收功能产生直接的影响,关系到学生的身体健康。从这个意义上说,学生食堂炊事人员承担着服务育人的光荣使命。为此,炊事人员应该牢固树立优质服务、服务育人的思想观念,做到态度和蔼,服务周到,举止文明,衣冠整洁,设身处地为就餐者着想,处处为就餐者提供方便。饮食管理部门还应努力优化学生的就餐环境,把餐厅布置得整洁、美观、明亮、舒适,激发就餐者良好的就餐情绪。总之,食堂炊事人员应以自己优质的服务、高尚的职业道德,给学生以良好的教育和影响,把学生食堂办成学校社会主义精神文明的窗口。

3. 办好学生食堂的基本条件和主要要求

(1)食堂管理费。食堂管理费是国家对学生伙食的福利性补贴,主要用于开支食堂职工的人头经费(含工资、奖酬金、各类政策性补贴等)、食堂职工福利基金、办公费用、维修费用、小型炊事设备和炊具购置费用。为了保证就餐者利益,学校应根据全日制学生实际人数,按年度核拨食堂管理费。学校应加强对食堂管理费的宏观控制,促使学生食堂合理使用管理费,充分发挥出管理费的经济效益和社会效益。

(2)食堂用房。根据国家规定,学生食堂用房应该包括餐厅、厨房、食堂办公室以及各类库房等。食堂每个学生的平均面积,500 人规模的学校 1.61m^2/人;1 000 人规模的学校 1.41m^2/人;2 000 人及 2 000 人以上规模的学校 1.30m^2/人。

学生餐厅应设置供学生轮流进餐的座位。500 人就餐规模的食堂座位数按就餐人数 100%设置;1 000 人就餐的按就餐人数的 90%设置;2 000 人及 2 000 人以上的食堂按就餐人数的 80%设置。学生食堂的通风、采光条件以及排烟、排气装置都应达到国家规定的标准。

(3)炊事设备。炊事设备机械化、现代化是提高工作效率和伙食质量的必要条件。学生食堂在动力设备方面,可添置蒸汽锅炉、蒸汽管道、鼓风机等;在运输设备方面,可配置货车、脚踏三轮车、平板车等;在冷藏设备方面,应根据学校规模建立冷库或配备必要的冷藏设备;在炊具设备方面,可配备一些常用的电动、机械炊具,如电烘箱、电传箱、电磨、和面机、馒头机、压面机、饺子机、绞肉机、切菜机、洗碗机、消毒机等。

在学校财力允许的情况下,学生食堂还可以引进一些现代化的炊事设备。浙江大学引进自动化流水线就餐供应系统,把现代化技术应用到伙食作业和管理工作之中,有效地提高了伙食质量和工作效率,大大减轻了炊事员的劳动强度,把伙食工作提高到一个新的水平。

(4)健全规章制度,加强食堂管理。食堂要建立和完善以下几个方面的制度:财务管理制度、设备管理制度、物资管理制度、劳动管理制度、安全管理制度、卫生管理制度、能源节约制度、岗位责任制度,并制定相应的条例。

(5)严格经济核算，降低伙食成本。为了降低伙食成本，保证学生吃饱吃好，食堂必须有严格的经济核算，减少消耗，杜绝浪费，精打细算，降低成本。

(6)深化伙食管理改革。最近几年，伙食管理改革在“规范化管理，标准化服务”方面取得了较大的进展，受到全国高校的普遍关注。“改暗补为明补”在不少高校全面铺开。

所谓“规范化管理，标准化服务”，就是把伙食工作看做一个系统工程，用明确的量化标准规定这个系统中所有环节的工作任务、质量要求和考核评估办法；工作人员定编、定岗、定责、定任务，其工作质量和效益与劳动报酬挂钩。

“改暗补为明补”也是伙食管理深化改革的产物。实践证明，这种将学校补贴学生伙食的管理费发给学生，将管理费打入伙食成本的办法，有利于控制学校的福利费外流，有利于使学生更直接地感受到学校的关怀，有利于促进伙食管理水平和伙食质量的提高。

坚持“服务育人”的方向，坚持深化伙食管理改革，是高校伙食工作不断前进的必由之路。高校后勤组织应该不断探索，努力把伙食管理工作提高到一个新的水平，更好地完成培育合格人才的光荣任务。

(三)安全教育管理

大学生安全教育管理是指以大学生自身、生活学习条件、环境为对象，以国家安全法律法规为依据，围绕安全、和谐、稳定等目标，进行一系列的检查监督、控制指挥等活动和制订传授有效的方法措施，为大学生完成学业提供保障的过程。大学生的安全管理，包括学校的安全管理和个人的安全管理。学校是真实社会的一部分，成员以缺少社会阅历的学生为主。社会有危险，学校不例外。目前，高校安全呈现出不稳定因素，安全隐患也很多。学生心智不成熟，内部环境日益繁杂，周边诱惑增多；学生内部盗窃案件频发，感情问题导致的案件屡屡发生。因此，大学的安全管理更为重要，大学生个人安全管理应该作为新课题纳入每个大学生的学习生活日程。

1. 高校安全教育与管理面临的挑战

（1）国内外形势的影响

国际敌对势力始终没有改变对我国实施的“和平演变”战略，推行“西化”“分化”中国的策略仍不减弱；台独、藏独等分裂势力与西方敌对势力配合进行分裂活动。高校内部，由于社会就业的严峻性和毕业生自身不正常就业，这些都会影响到高校的安全和稳定。

（2）后勤社会化和网络信息化的冲击

近几年，我国在高等学校后勤社会化改革方面进行了一系列的探索。目前，全国高等学校的后勤服务经营人员及其相应资源，大都已成建制地从学校行政管理系统中分离出来，组建了高校后勤服务实体。不过，从高校后勤改革的实践来看，各个高校后勤社会化改革的程度有很大的差异。在一些开放性大城市的高等院校后勤社会改革进行得非常迅速，如上海的经验和成效是较为突出的。由政府主持，上海高校按照市场法则和教育规律，采取高校后勤联合、吸引社会参与等方式，通过试点引路、整体推进、分步实施，使高校后勤机构与人员规范分离出学校，改变过去“一校一户办后勤，校校后勤办社会”的状况，初步形成教育系统联办后勤与协调组织社会力量办后勤相结合的新格局。后勤社会化改革打破了高校封闭、半封闭状态，对社会实现全方位开放。但是，由于缺乏改革经验，急于向社会化概念贴合，高校后勤服务往往是“一包了事”，更多的是强调市场化经营，追求经济效益，忽略了高校后勤的教育属性。同时，现有的后勤队伍在管理机制、人员素质、人员数量和结构等方面都较普遍地存在诸多问题，后勤复合型人才、知识型员工少，既懂教育规律又懂经济规律的人才奇缺，队伍整体素质偏低，严重制约着后勤社会化水平。此外，后勤提供的服务和学生的要求之间的差距，后勤集团和大学生之间的矛盾、摩擦、冲突也有所增加，从而为高校安全管理带来了新的麻烦。

由于网络功能的多样性，内容的广泛性，速度的快捷性等特点，大学生对网络产生了浓厚的兴趣，网络与学生的生活联系越来越紧密。但是他们不知道怎样保护自己，网络安全素质较差，网络带给学生的安全隐患也在增加。

(3)心理健康教育和心理问题排查不足

现代学生日益多发的心理问题使得心理健康教育的迫切性、广泛性、重要性日益凸显，但是心理健康教育的重视程度没有明显提高，流于形式的现象并不罕见。辅导员如果不能深入一线到学生中去，心理问题排查也将成为形式主义和应付主义，不能积极发挥作用。

随着我国经济社会的快速发展和高等教育改革的不断深入，高校学生的安全教育与管理显得有些滞后，致使学生安全事故呈逐年增加趋势。因此，增强学生自我安全意识和自我保护能力，塑造健全人格，自觉抵制各种不法侵害，营造安全的育人环境，是当前高校教育工作中一项重要而迫切的任务。

2. 高校安全教育与管理的对策与实施

(1)安全教育与管理的理念转变

转变观念，增强责任意识。安全教育与管理的重要途径就是培养安全责任意识，最好的办法就是让学生学习安全知识。有了安全意识，学生就可以在日常生活中避免许多安全问题的发生。高等学校要切实履行维护学生安全的职责，加大投入，落实各方面的安全措施，保证学生安全。

(2)设置大学生安全管理机构

大学生的安全管理范围很大，不是哪个单一职能部门可以承担并能控制的。例如，治安、消防等的安全属于保卫部门；学业、生活、饮食等的安全则需要学生、后勤、保卫等部门协作；身心健康则属于心理咨询室擅长的工作；交通安全则使各个部门难以具体负责。各种安全都需要个人掌握技能自觉保护自己，技能训练难以在课堂进行，而团委、各个系的学办、学生会更适合组织完成。因此，大学要完成对学生的安全管理，应该建立一种“学生安全委员会”，下设专门的负责机构，协调各个方面的力量。建立学生安全员机制，安全员与学生会成员具有同样的职能，定期开会和不定期的及时反馈相结合，实现对安全隐患的预防和控制。

(3)安全教育与管理的执行加强

弘扬法治，加强普法教育宣传。当代大学生，既要学好专业知识，还要学好法律知识，以提高自己的整体素质；既要在别人侵犯自己权益的时候善于拿起法律武器进行抗争，也要在日常的学习工作中遵守国家法律法规和学校的规章制度。在对学生进行安全教育时，要善于利用发生在学生身边的案例、事故进行教育，这样更具有说服力和影响力。

提高认识，加强队伍建设。要形成有校领导负责的安全教育与管理的队伍，协调各方面关系，调动整合多种资源，涵盖校园安保人员、宿舍管理人员和学生工作辅导员以及学生骨干力量，也要包括学校所在辖区的民警。要提高管理人员的业务素质，保证管理制度的全面落实。管理者在工作中不仅要敢于管理，而且要善于管理，要引导学生树立主人翁精神，发挥学生自我管理、自我服务、自我教育的良好作用。同时，管理者要针对学生的特点，自发地组织各种形式的安全教育宣传活动，不断提高广大学生的安全意识，自觉维护校园治安秩序，形成学生自我参与、自我管理的工作体系。

第四节　国内外高校学生事务管理实践之比较

在一些发达国家和地区，高校学生事务管理工作已逐渐获得了与学术事务近乎对等的地位，在实践层面上，已经成为高校发展不可或缺的一部分。以下重点就班集体建设、学生资助体系、心理健康教育与咨询、职业发展与就业指导模式这四大方面比较国内外高校学生事务管理的实践，并进行相关的总结，以期得到有益的借鉴。

一、高校班集体建设的比较

（一）国外高校班集体建设

目前，国外高校的学生管理体系中大都没有等同于中国高校的行政班建制。以美国为例，对学生管理的模式界定是以“学生发展”为中心，并由此界定学生工作人员是“促进学生发展的教育工作者”。

由于国外高校普遍实行比较彻底的学分制，因此学生选课、上课非常自由，每个人都有自己的学习计划，即便是相同的专业所上的课程也未必相同（因为会有不止一位教师可供选择）。因此，教师讲课只针对选修此课的学生，同一个教学班的学生未必属于同一专业或者在同一年份入学。以新加坡国立大学为例，它没有行政班建制，每个人都有自己四年要学的一张课表，只需要依照学分的要求安排好自己上课的计划即可。而类似行政班的概念主要是从学生事务管理的需要角度考虑，首先是为学生集体活动提供条件的社团集体，其次是为学生生活提供方便的宿舍集体。

国外高校多强调学生的自由发展，重视学生的个性发展，因此班集体建设的内容中并不包括思想政治教育，更多的是与学生事务管理紧密结合，通过服务于学生成长成才的学生事务管理体系，确保学生集体的良好氛围和日常活动。就美国而言，其高校学生事务管理的内容按对谁负责可分为两个方面，即“向学校负责的要求及责任”和“向学生负责的要求及责任”。

（二）我国高校班集体建设

在我国，班集体是高校培养人才和实现育人目标的基本组织形式，也是高校组织落实教育、教学和管理工作的基本载体，还是学生在大学期间进行自我管理、自我教育、自我服务的主要组织。学生从进入高校起，便成为一个特定班集体的一员，学习生活和思想交流等都在某种程度上依赖于这个班集体。在这个班集体中，学生可以学习知识、提高素质、开展活动、丰富生活，形成有纪律和凝聚力的学生群体。另外，班集体中通常有一些党团组织、社团等，也承担着部分班集体活动的组织工作。

班集体建设模式主要包括集体目标、领导核心、组织机构、舆论建设、班风建设、文化建设、集体荣誉感等方面。以上多个方面之间的组合、关系及地位决定着班集体建设模式的差异以及班集体整体发展和学生个人发展的状况和水平。在高校中，班集体建设模式主要体现在以行政班为管理和建设对象，对参与班集体建设的各个主体（包括学生、老师、学校以及外部社会环境等）的相互作用关系进行研究，以及为了更好地培养出高素质人才而提出的一整套班集体建设的方法论。

我国班集体建设的特点是，班集体建设与思想政治教育密不可分，班集体建设与学生事务管理融合一体。

（三）比较与启示

1. 比较

（1）组织形式

我国高校有着严格的班集体建制，按照固定方式将学生划分为不同班集体，同一个班集体的学生通常有着特定的统一标签。班集体的组织相对固定，作为班集体成员可以在班集体中充分体会与班集体其他成员的交流和沟通，参加以班集体为单位组织的活动。国外的高校多数没有严格的班集体建制，教学班的编制依照学生选课情况的不同而不同，类似我国行政班集体的建制在国外高校中多以社团或者宿舍区管委会的形式存在，学校通过学生事务管理体系对这些集体予以指导和辅助，从而完成集体的建设。

(2)建设理念

我国高校的班集体建设工作就其承接关系而言,是从20世纪50年代开始的,最早萌生于思想政治工作。我国高校的班集体建设以“社会本位”为价值取向,强调“思想政治教育”“德育为先”和培养社会主义事业的建设者和接班人,班集体建设的概念中以集体为重。国外高校的班集体建设,尤其在西方国家是以“个人本位”为价值取向,重视学生的个体发展,班集体建设与学生事务管理密不可分,重在通过学生事务管理实现对于不同需要、不同天赋、不同目的的全体学生的服务,从而保证学生在集体中的自我管理、自我建设和自我发展。

(3)管理体制

我国高校的班集体建设借助学校对学生的“学校—学院—年级—班集体”四级管理体制,逐级管理,条块结合,并在每一个级别配备管理人员,为相应班集体配备专兼职的辅导员。班集体建设围绕思想政治教育的内涵展开,以奖惩激励为主要内容,以党团组织为领导保证,是齐抓共管的建设模式。国外高校特别是西方,班集体建设更多是学生自觉参与集体的自我建设,并结合学校的学生事务管理体系进行。相关的事务管理具有专门化的独立地位,按照种类进行分工,直接面向学生服务,表现出较高的专业化特征。此类学生事务工作以发展学生为理论基础,以服务学生为服务导向,组织结构专门化、管理风格民主化。

2. 启示

通过比较国外高校和我国高校的班集体建设可知,在对学生自主权的尊重和对学生个性化发展的专业化支持方面,国外高校还有很多值得我们学习和借鉴的地方。

二、高校学生资助体系的比较

(一)国外高校学生资助体系

国外高校的资助理念,经历了从早期的“宗教与慈善”到“生而平等与国家利益"再到"教育机会均等与人力资本投资"最后演变成"成本分摊"理论，经历了一个漫长的发展时期。时至今日，基于"成本分摊"理念的高校学生资助体系已经成为当今世界的主流资助体系，在不同的国家又演变出有所区别的几种资助模式。目前世界上公认最具代表性的大学生资助模式主要有三种：欧洲模式、日本模式、美国模式。

(1)欧洲模式：免费受教育加助学金。英国对学生的资助制度是最典型的欧洲模式。英国对学生的资助主要是"免收学费＋助学金＋贷款"。英国的资助政策已超过一百年，体系完整，令人叹服。2003年年初，英国政府颁发了《高等教育的未来》白皮书，对现行的资助政策体系进行了改进，使其更加贴近实际，其目的是把高等教育随时提供给需要它的人们，以吸引更多低收入家庭的年轻人接受教育。

(2)日本模式：实行大学交学费制度，对高校学生的资助主要是通过教育贷款性质的"育英奖学金"来实行。1984年，日本育英会将贷学金分为两种借贷奖学金：第一种借贷奖学金是不计利息的贷学金，主要供经济困难的、最需要资助的学生借贷；第二种借贷奖学金是计利息的贷学金，年利率为3%，供其他需要的学生借贷。按照规定，学生大学毕业后6个月起开始还款，贷款偿还期为20年。日本设立了专门的独立行政机构——"日本学生支援机构"，其具有独立行政法人资格，全面负责管理奖学金贷款的相关申请和审批、国际学生援助以及其他学生援助项目，是日本覆盖面最广、资助力度最大的助学贷款机构。除此之外，日本还有国民生活金融公库设立的贷款，日本地方自治区、企业、民间社会团体和学校也会设立一些奖学金项目，以保证家庭经济困难且品学兼优的大学生顺利完成学业。

(3)美国模式：美国高校实行收费制，对学生的资助方式一般包括以下几种。

助学金形式：主要包括佩尔助学金和教育机会补充助学金。

助学贷款形式：主要包括帕金斯贷款计划、斯坦福贷款计划、学生家长贷款计划及学生补充贷款计划、联邦直接学生贷款计划。

校园工读形式:联邦政府每年拨给学校一笔经费,专门用于对学生半工半读的资助。

(二)我国高校学生资助体系

从20世纪50年代开始,我国高校学生资助的发展脉络大致是:从“免费”加人民助学金制度,到逐渐以“收费”代替“免费”,资助采取以奖学金为主,再到收费制的确立和“奖、贷、助、补、减”学生资助体系的初步形成,最后到现在的多元化学生资助体系,这体现着中国高等教育事业的进步和发展。我国高校学生资助体系的特点是,国家投入发挥了主导作用,高校是落实资助政策的基础,社会资助是有益补充。

(三)比较与启示

当前,我国高等教育正朝着普及化、大众化的目标前进,随着在校学生规模的日益扩大,家庭经济困难学生群体的数量也日渐增多。目前,我国的资助体系基本以政府力量为主导,社会资助在其中所占比重还很低。一方面,面对日益巨大的资助对象群体,国家财政有心无力;另一方面,由于整个资助体系中垂直型的机构设置,面对分布广泛的资助对象以及纷繁复杂的资助情况,很多时候政府以及下属的高校资助机构只能将资助问题简单化,从而导致资金利用的低效率和资助工作开展的不彻底。此外,很多高校只重视对家庭经济困难学生的经济资助,缺乏进行行之有效的精神励志。上述问题的普遍存在,使我们不由得思考整个资助体系需要改进的方面,并希冀从对国外发达国家资助体系的研究分析中获得一些启发。

通过上述分析比较,结合我国具体国情,国外发达国家的高校学生资助能够为我国的高校学生资助提供以下借鉴。第一,整合社会资源,构建多元化资助体系。第二,创新奖助学金资助模式，提高资助效益。第三，改革现行助学贷款体制，发挥主渠道作用。第四，规范勤工助学机制，拓宽资助渠道。第五，扶贫与励志并举，注重精神激励。第六，成立家庭经济困难学生社团，丰富其课余文化生活。当然，在实际操作过程中，上述手段及措施的实现，还有赖于政府、高校、社会力量以及资助对象等多方面的共同努力，任何一方角色的缺失，都会让最后的资助效果大打折扣。

三、高校心理健康教育与咨询的比较

（一）国外高校心理健康教育与咨询

现代意义上的学校心理健康教育起源于美国。美国拥有世界上最先进的学校心理健康教育设施和专业服务水准，从事心理学研究以及健康服务的专业人员数量和专业水平都居世界前列。

美国大学的心理健康教育开始于20世纪40年代，几乎所有的大学都设有心理健康、心理咨询类机构，并配有专职人员开展相关工作。心理健康教育机构大多隶属于学生事务管理部门，心理咨询与心理健康教育是学生事务不可分割的一部分。例如，密歇根州立大学的学生咨询中心隶属于该校学生事务工作部，马里兰大学的心理咨询中心隶属于“学生生活部执行部长办公室”。尽管有一些咨询中心隶属于校医院，但校医院的上级主管部门依然是学生事务部。咨询中心与各院系、学生服务系统都有稳定的工作对口关系。

美国高校的心理健康机构扮演着三个基本角色。第一个角色是对需要心理关注的学生提供咨询和治疗服务，这是最基本的角色。第二个角色是预防角色，辅助学生有效达到教育和生活目标技能。第三个角色是促进有利于学生健康成长和发展的人文校园环境的形成。

早期美国高校心理健康教育的任务是对“问题”学生进行测验，然后把他们“归类”到不同的特殊教育班进行教育。经过长时间的探索，美国高校心理健康教育的对象已由过去单纯面向心理障碍的学生扩及全体学生。而随着心理健康教育对象的拓展，心理健康教育内容也日益体现出综合性的特点，学校心理健康教育工作的具体任务则主要包括咨询、评价、干预、预防、教学指导、研究与策划和健康服务等。在注重服务内容综合性的同时，美国高校心理健康教育的内容也注重针对性和需要性，即根据不同文化背景学生的实际需要安排具体的教育内容。除此之外，高校心理健康教育还主动对学校的课程设置等进行干预，为家长、教师提供咨询服务。从整体上来看，美国高校心理健康教育内容的综合化取向不断增强，从关注大学生的认知、情感到把他们作为一个“完整的人”来进行教育，通过探索和发现他们的潜力，来促进其健康成长。

美国高校主要采用三种干预措施来达到心理健康教育的目的。第一是个体干预，一般包括课堂教学、辅导、心理门诊等几种形式。第二是环境干预，包括调整课程设置、对教师和学校员工进行干预、家长干预等。环境干预是美国高校心理健康教育的重要形式，其并不直接针对大学生本人，而是着重于对影响大学生心理健康的环境因素进行干预。第三是整体干预，即将心理健康、教育辅助和社会援助等干预整合起来，对学生进行多方面的、综合的干预。在一个综合性的心理健康教育计划中，学校的教职员工、心理健康教育工作者、健康工作者、社会服务人员等都会为学生提供帮助，学生不仅能在学习上获得援助，在精神生活和物质生活上也能获得援助，这为学生今后的健康成长奠定了良好的基础。

美国高校心理咨询队伍由专业员工和支持员工组成。其中，心理咨询或治疗的功能由专业员工完成，他们一般要拥有咨询师教育、咨询心理学、临床心理学、精神病学和社会工作领域的博士学位。支持员工指前台接待和后台服务工作人员，他们要有心理咨询专业的基本训练。美国非常重视高校心理健康教育工作者的职业化发展，不仅有严格的职业认证体系，还规定了从业期间必须完成的专业培训、专业督导的时数，以保证从业人员的专业化水平。美国有关行会规定高校心理健康教育专职人员与师生比例的专业标准是每1 000～1 200名学生配1名专业人员，大部分高校都达到了这一标准。例如，乔治城大学12 000名学生，12名专职人员，生师比为1 000∶1；哥伦比亚大学14 000名学生，30名专职人员，生师比为467∶1；加州大学洛杉矶分校37 000名学生，32名专职人员，生师比为1 156∶1。所有从事心理咨询和心理治疗的专业人员，必须得到临床心理学博士学位并通过所在州的资格考试，还要进入美国学校心理学家协会（NASP）和美国心理学会（APA）认可的学校学习心理学专业。严格而专业的职业认证及训练制度，促进了高校心理健康教育工作者专业化水平的不断提升，也为美国高校整体的专业化心理健康服务提供了最根本的保障。

美国高校心理健康教育的方式丰富多样。一对一的个别咨询面谈是美国高校传统的心理辅导方式，但自20世纪70年代起，团体咨询因其辅导范围广、团体动力强、辅导效果好等特点逐渐成为高校心理辅导的重要方式。在2008～2009年度，马里兰大学心理咨询中心咨询服务部就组织了17个组别的团体咨询和治疗。麻省理工学院的"中间联系者"们还设有"咨询中间联系者"网站，通过电子邮件与访问学生讨论和健康相关的问题。此外，美国大学大多设有健康图书馆或者健康资料中心，其目的是通过提供最新、准确的知识，帮助学生做出正确、健康的选择。

除了运用个别咨询、团体辅导、心理健康课程、网络辅导和朋辈辅导这些较为普及的方式开展心理健康教育，美国高校还针对大学生的心理特点和需要开展了一系列内容丰富的心理教育活动，如设立消除压力的俱乐部，运用音乐电视的形式开展心理辅导，开展心理健康知识宣讲等。

（二）我国高校心理健康教育与咨询

我国大学生心理咨询工作起步于20世纪80年代中期，与国外相比差距较大。我国大学生心理咨询工作虽然起步较晚，但发展速度较快，特别是进入21世纪以来，呈现出蓬勃发展的趋势。目前，高校心理健康教育与咨询工作开展得比较好的省市，如北京、上海、江苏、广东、黑龙江等，基本上都设立了地方性的心理健康教育分会及相关心理健康教育与咨询机构，不同程度地开展了团体心理辅导、心理训练等教育性质的活动，定期开展心理健康月活动。许多高校还建立了各种学生心理健康组织（如大学生心理健康协会），建立了心理咨询专门机构，但从名称、隶属关系到开放时间、运行经费等都不统一。从咨询机构的场所位置来看，有的放在教学区、宿舍区，也有的设在校医院、图书馆等场所。从运行经费来看，各校根据本校现有条件酌情而定。

高校心理健康教育与咨询是大学思想政治教育的重要组成部分，与思想政治教育工作相辅相成。高校心理健康教育与咨询的对象是全体大学生，目标是促进大学生心理的健康发展，培养大学生良好的心理素质。其实现的途径和方法，如建立大学生心理健康档案，掌握大学生心理健康状况，有针对性地开展心理辅导；开设心理健康教育系列课程；提供心理咨询服务；建立并指导大学生心理健康组织；进行各种宣传和培训等。在教育内容上，知识教育和实践活动相结合，思想教育和心理健康教育相结合；在工作方式上，教学、科研、服务相结合；在心理健康教育师资队伍建设上，专兼职相结合，德育、心理学、医务工作者相结合。

（三）比较与启示

1. 比较

中外高校心理健康教育与咨询有诸多不同点，主要表现在以下几方面。

（1）心理健康教育工作模式不同。国外大学以个别心理咨询服务为主，我国高校以全体学生心理健康教育为主。

（2）心理健康教育的专业化队伍建设不同。国外高校咨询中心由心理学家、精神科医生、社会工作者等组成，他们都有很强的专业背景和严格的临床训练。由于我国心理健康教育最早从思想政治教育中孕育而生，因而高校心理健康教育工作者主要来自思想政治教育师资队伍。

（3）心理健康教育建设与评估标准不同。美国大学咨询中心在行政上隶属各大学，但是在专业上受美国大学心理咨询协会管理。我国高校心理服务机构的建设标准，主要是参照教育部颁发的相关文件。

（4）心理健康教育的专业伦理要求不同。美国文化注重个人主义取向，有严格的伦理守则。中国文化注重集体主义取向，尽管也有伦理守则，但经常被忽视。

2. 启示

从以上比较，可以得出以下几方面的启示。

（1）重新认识心理健康教育工作的作用和意义，确立其中心地位。我国学校教育管理者应将心理健康教育工作确立为学校教育工作的中心，重新建构和设计教育目标、教学计划、教学管理模式等教育要素，构建亲和性、支持性的心埋环境，以实现学生的全面发展。

（2）确立人本化的价值取向，提倡发展性、综合性的心理辅导，面向全体学生，尊重学生的需要与价值，促进学生的全面发展。

（3）实施师生心理互助计划，构建亲和性的心理环境，同时成立学生心理互助组织，促进学生进行"朋辈"心理互助和辅导。

（4）重视心理健康教育工作者的专业培训与职业资格认证规范化。我国目前的学校心理健康教育从业人员少，师生比不足，来源呈多元化，人员素质参差不齐，因此应该加强心理健康教育工作者的专业化培训和职业资格认证工作，以促进我国高校心理健康教育的良性发展。

（5）心理健康教育由消极模式转向积极模式，促进学生积极心理的开发。积极心理学关注人类潜能的开发和增进人类幸福这两大主题，强调人性的优点、美德和积极力量发挥，对心理学的研究与实践都是极其重要的补充。因此，积极心理学比其他心理学更具社会属性，更具有现实意义。

(6)有针对性地开设心理健康教育系列课程。心理健康教育是学校对学生进行有目的、有计划、有组织的直接或间接影响，从而促进学生全面发展。就目前国际课程改革的发展趋势来看，各国所设置的课程种类大致包括工具类学科，科学技术类学科，人文、社会类学科，艺术类学科，体育、健康类学科和职业类学科等。而最新的建议是建立“相互联系的四部分课程”，即“个人成长的课程”“生活技巧的课程”“学习如何学习的课程”“具体内容的课程”，并把“促进个体成长”作为新课程开发的重点和核心内容。心理健康教育的课程要关注自身科学内容对学生的身心健康的影响，要根据大学生的心理发展特点及规律等，分年级、分内容、有针对性地开展心理健康教育活动。

四、高校职业发展与就业指导模式的比较

在西方国家，高校毕业生是劳动力市场上的优势群体，但随着经济形势的变化，就业成为人们关注的重大社会经济现象，毕业生在从学校到就业的角色转换中面临着越来越多的问题，如就业信息不对称，缺乏针对性的职业指导体系和专业的职业顾问等。因此，国外大学生就业促进措施可以归纳为三大类：创造新的岗位，鼓励创业；进行政策和市场激励，改进教育培训体系，提升大学生就业能力，鼓励大学生从事特定的职业；完善职业指导体系。

在比较成熟的西方市场经济体制国家，大学生就业一般实行自由择业的就业制度，单位招聘员工、毕业生寻找工作都是市场行为，完全由劳动力市场的供需调节。在有关促进就业理论的指导下，各国实施了一系列促进高校毕业生就业的政策和措施，包

括加强劳动力市场就业信息的流通，通过各种相关的培训措施提升和改善高校毕业生群体的素质，同时对在本国具体运行的宏观经济措施加以改善等。就业公共服务也主要体现在“一站式服务”管理模式上，这种服务模式将职业介绍、职业培训、职业指导、失业保险管理与发放等在工作内容、机制、场地等方面整合在一起，提供一整套的解决方案。这在英国、美国等很多国家被广泛采用。

英国高校就业中心职业发展与就业指导服务贯穿于学生的整个大学生涯。学校会向新生及家长介绍学校的专业设置、专业前景和如何选择专业、如何度过大学生活等内容。学生从二年级起就开始接受有关职业生涯和就业技能培训的相关课程，形式主要有讲座、报告、咨询服务、模拟实验、心理测试等，并用计算机来收集整理并提供信息；指导方法主要有心理指导、信息咨询指导和校正性指导。此外，就业指导服务部既要收集、整理、发布就业信息，还要向雇主推荐学生就业，举办各种招聘会，与用人单位保持密切联系。

在美国，高校毕业生作为社会人力资源的一个有机组成部分，其就业问题被纳入整个社会就业保障体系当中。政府对高校毕业生采取和其他社会群体同等的政策，完全由劳动力市场的供需调节。国家并没有专门针对大学生的就业政策，这与我国有很大的不同。从有关考察情况看，非政府组织在美国高等教育发展中发挥着相当重要的作用。在美国，非政府组织包括各种教育咨询服务机构、各种教育学会、教育协会、教育评估事务所、教育基金会以及各种各样的代理机构等。特别要提的是，非政府组织全方位参与高校毕业生就业工作，提供立体化的就业服务。此外，美国几乎所有的高校都设有为大学生就业提供专门服务的组织机构。同时，大部分美国高校将就业指导服务机构设在学校学生事务处下。

德国高校毕业生就业工作由劳动局来操作，通过特设大学生职业指导处的方式，在全国建立一个通用的网络平台，高校毕业生和用人单位可通过电脑登录，免费共享相关就业及求职资源。

在日本，大学毕业生的就业制度比较自由，政府、学校和社会都非常重视高校毕业生就业和就业指导工作。政府通过强化立法和政策引导的方式指导就业，学校则通过开展毕业生求职技巧及求职心理训练来帮助学生就业。日本的就业指导是一种以就业信息为中心内容的模式，这种模式的出发点是通过各种方式向学生提供用人信息。

经过近20年的发展，我国高校职业发展与就业指导的工作从全盘引进到逐渐消化—本土化转变—形成特色，经历了几个发展阶段后，开始形成适合中国国情、适合中国学生特点的辅导模式。这个模式的主要内容包括职业发展辅导、求职指导、就业信息服务、就业管理、就业研究。我国多数高校从事职业发展与就业指导工作的教师是从学生工作中转过来的，在专业性上还有欠缺，而且教师的流动性比较大，不利于能力的提升。

美国、英国等发达国家的就业指导模式随着时代的发展和就业形势的转变，指导内容和方法不断更新，都已呈现为全方位、立体化的模式，主体内容涵盖了生涯辅导、就业指导、就业信息服务、就业管理等，而且注重全程服务。美国、英国以发展为核心的就业指导模式，把就业指导定位为整个人生的职业活动，通过咨询来帮助学生认识自我、发展和接受自我形象，在未来的工作中，通过满足社会需要来展示自我，求得自我的发展与完善。我国则形成了事务、指导、服务三者合一的综合型就业指导模式。

由上述比较可知，政府对大学生就业的宏观调控和指导是奠定就业工作可持续发展的基础；加大硬件投入，推进素质教育，完善就业指导体系是提高就业工作水平的关键。

第四章　国际视野下高校学生事务管理主体的定位与职责研究

高校学生事务管理工作是一项复杂的、系统的工作，具有导向性、主体性和开放性特征。在高校学生事务管理的过程中，学生事务管理的主体扮演着非常重要的角色。如果学生事务管理的主体不能合理定位自己、明确自己的职责，很容易造成管理混乱和管理不利的问题，因此，对高校学生事务管理主体的定位与职责进行研究是非常关键的。本章将对高校学生事务管理主体的角色与定位、高校学生事务管理主体的岗位职责与能力结构、高校学生事务管理主体的心智素质以及高校学生事务管理主体的队伍建设进行系统阐述。

第一节　高校学生事务管理主体的角色与定位

一、高校学生事务管理者的职业理念

（一）贯彻“以人为本”的工作理念

贯彻“以人为本”的工作理念，就是要以学生的全面发展为工作的出发点和归宿点。高校学生事务管理者不仅仅进行单纯的事务管理，应该秉承一种以人为本、以学生为本的理念，即一切为了学生，一切为了学生的全面发展。这就需要高校学生事务管理者更加关注学生个体的自主意识、平等意识、个体意识，尊重每个

学生的个性，立足于学生的学习和发展，满足他们个性化、多样化的需求；鼓励学生独立人格的发展，增强对学生的人文关怀，建立一种自由、宽松、健康、平等的学习氛围。同时，在管理中一定要注重民主性、平等性，让学生更多地参与自我教育、自我管理；在互动的过程中，建立起事务管理者和学生之间的信任感，促进学生全面发展。

(二)依照法律和规章制度开展工作

高校办学按照《教育法》《高等教育法》《普通高等学校学生管理规定》以及学校层面的管理制度开展工作。高校学生事务管理者开展工作的前提就是要熟悉、了解国家以及学校的各项规章制度，依据法律和各项规章制度开展工作，凡事做到有理、有节、有法，这是起码的原则。例如，招生、招生宣传有国家大政方针来规范，学生的日常管理有学生管理规范来约束，学生的注册、休学、转学、退学等都有一整套的流程操作规定。凡事在框架内运行才能保证各项事务的规范化，而且能保证各项管理行为的公平、公正、公开运行，切实避免管理中的无序性和随意性。凡事按规章制度来处理，也能够最大限度地保护高校学生事务管理者的权利。

(三)让服务成为高校学生事务管理的核心理念

高校学生事务管理者要从心理上对自己的角色地位有一定的认识与调整，要从“管理者”的角色中跳出来，把自己当成“服务者”。高校学生事务管理者不能高高在上，应更多地体现对学生的服务。高校学生事务管理者要多在“服务”上下功夫，多在“服务”中求发展。同时，高校学生事务管理工作要在服务中创造价值、体现价值。

在当前的形势下，高校学生事务管理不能再是简单生硬的管理，而应积极转变为务实、贴心的服务，在服务中体现管理者的价值，在实实在在的服务中促进大学生的成才、成长，切实促进高校学生事务管理由管理向服务转型。

二、高校学生事务管理者的工作职责

高校学生事务管理者直接承担着学生事务的具体实施，在学生事务管理中扮演着重要的角色。高校学生事务管理者的主要工作职责包括以下两方面。

（一）提高大学生的思想政治素养

提高大学生的思想政治素养，培养大学生良好的思想品质，是高校学生事务管理者的首要工作。

1. 以理想信念教育为核心，培养大学生正确的三观

理想信念教育并不是虚无的东西，要将其自然巧妙地融入日常教育中，把党和人民的殷切希望转化为大学生的奋斗动力。多形式、多渠道开展理想信念教育，使大学生意识到成长的过程中必须要有理想信念的支撑，个人的命运只有和伟大的祖国相连才能书写出绚丽的诗篇，个人的命运只有和人民在一起才能永恒。因此，高校学生事务管理者应通过多种形式的日常教育、开展多种形式的活动，把理想信念坚定地植根于大学生心里，让大学生成为社会主义的坚定拥护者、传播者，让坚定的理想信念成为这一代人的必然信念。

2. 以国民意识教育为重要内容，提高大学生的国民素质

国民意识教育就是要培养大学生的国民素质，就是要让大学生成为既有科学知识又有社会责任感的新时代公民。对大学生开展必要的国民意识教育，一方面激发大学生参与国家政治生活、公共生活的热情，让他们明白积极参与公共事务既是大学生享有的权利，更是推动整个社会进步应尽的义务；另一方面要将国民意识教育融入学生的日常管理中，如让学生参与学校管理，重视学生在学校管理中的主人翁地位，积极创造条件培养学生的

自我管理能力，通过参与学校管理培养学生的民主意识、权利意识和社会责任意识。

3. 以爱国主义教育为重点，培养大学生深厚的爱国情感

利用当前中国经济建设取得的巨大成就，政治体制改革、法治社会建设的巨大进步，积极引导大学生增强民族自尊心、自信心、自豪感，激发他们的爱国热情，引导他们积极投身祖国建设的浪潮，感受国家发展壮大带给每个人的荣耀；引导大学生积极投身到社会实践中去，为祖国的发展壮大贡献自己的一份力量；引导大学生积极主动地维护国家的主权和领土的完整，自觉地批判违背国家发展的行为，培养大学生“天下兴亡，匹夫有责”的大无畏思想，把自己的青春和热血洒在建设祖国大地的伟大事业中。

（二）做好学生日常管理工作

学生的日常管理工作是高校学生事务管理的重要内容，做好这些日常事务，一是保证学生的安全稳定，二是营造良好的学习氛围，最终为学生成长成才创造条件。做好学生日常管理工作需要从以下几个方面着手。

1. 建立行之有效的学生管理制度，并坚决贯彻执行

所有的管理都必须有合理科学的管理制度作为保障，需要注意的是，当前建立有效的管理制度应该淡化行政色彩，即建立更加人文化的管理制度势在必行。人文关怀强调对人的尊重、对学生个体意识的理解。

在学生的日常管理中，管理者应以平等交流的态度，尊重每个学生的个体差异、个体意识，以更加积极的姿态参与到学生管理中，与学生深入交心、谈心，真正谈到学生的心坎上，真正解决学生面临的实际问题、实际困难，让日常管理工作更加富有成效。

2. 建设良好班风、学风

班风是班集体的精神所在、灵魂所在。好的班风是在全体成

员的共同努力下形成的，具有凝聚人心的力量，在潜移默化中对班级成员产生规范、激励作用，是建设良好班集体的必备条件。营造良好的班风、学风是高校学生事务管理者的重要职责、重要工作任务，通过营造良好的班风、学风，能让班级成员在一个积极的氛围中共同努力、共同奋斗。

3. 深入学生，及时发现问题学生、排除安全隐患

学生的安全稳定工作是学生事务管理工作的关键内容。因为人的安全是第一位的，没有学生的安全一切都没有意义。学生的安全稳定关系到整个学校工作的正常开展，要把学生的安全稳定放在一切工作之首，予以重点关注。要抱着对学生负责、对家长负责的态度，对得起家长和学生的信任与期待。在安全问题上始终绷紧头脑里的弦，决不能麻痹大意，心存侥幸。高校学生事务管理工作要求管理者经常深入学生、深入课堂、深入寝室，与学生多一些深入交流、多一些面对面的接触，只有这样才能了解当前的大学生都在做什么、想什么、关心什么、讨厌什么。只有近距离的接触，才能深入了解大学生的学习、生活、思想状况，才有可能发现一些存在的问题。对工作中发现的一些问题、一些苗头要重点关注、及时追踪。建立问题台账，随时了解这些学生的思想动态，帮助解决问题。对一些普遍性的安全问题，集中力量、集体解决。总之，高校学生事务管理者的心中要随时悬着安全这根弦，把学生的安全摆在首位。

4. 注重培养学生干部，充分发挥学生干部的带头作用

学生事务管理工作千头万绪，管理者很难做到事无巨细、亲力亲为。这种情况下，培养一批信得过、可靠的学生干部显得特别重要。学生干部也是学生，他们对同学的各种情况更为了解，也是各项规章制度的带头执行者。学生干部一般都是各方面的佼佼者，做好学生工作就要充分发挥学生干部的带头示范作用，充分发挥他们的管理能力、组织协调能力、突发事件快速反应能力，协助高校学生事务管理者解决一些实际的问题和困难。

三、辅导员的微观角色定位

辅导员的微观角色定位，即高校对辅导员工作任务和内容的具体要求。高校辅导员的工作任务和内容是一个完整的、有机的体系，它们相互衔接、相互补充、相互作用。高校辅导员只有认真履行自己的职责，全面地、完整地理解和实践自己的工作任务和内容，才能很好地发挥自己的服务和保证作用，促使学生全面成才和健康发展。具体而言，高校辅导员工作从业务上可以分为以下几项内容。

（一）教育

教育是高校辅导员工作最主要的任务，下面对教育的内容和教育的形式进行阐述。

1. 教育的内容

教育的基本内容包括，党的路线、方针、政策，民主法制，世界观、人生观、价值观等理想信念，道德品格，校风、班风、学风，劳动、卫生、审美，心理健康等内容。教育的基本要求有两个，一个是观点要正确科学，另一个是在选择教材的时候要有针对性。

2. 教育的形式

教育的形式首先要做到多样性和趣味性并存，其次要注意经常性和反复性。除了时事政策课程，党团活动、文体活动、社团、第二课堂活动、创先进班级活动、社会调查活动等都是非常重要的教育形式。开展大学生实践活动要努力做到面向多数，做到群众性和广泛性；要努力做到多样性、趣味性和生动性；要努力做到时代性、动态性和目的性；要与所学专业结合，努力为学生成才和就业服务。

(二)管理

一名辅导员所面对的工作对象少则一百多人，多则几百人。要把他们管理好，就要在横向上建立一个完善的管理体系，纵向上培养一支优秀的干部梯队。横向的管理系统包括各种档案的管理，如学生党团档案，特困生档案，奖学金、荣誉称号统计表、就业情况等档案。对辅导员来说，纵向的干部梯队由年级组、党支部组成，而年级组下面又有班委会、团支部；党支部下面有党小组，有了这样的机构，年级工作、支部工作才可能有条不紊地开展，而这些都是辅导员一步步通过长时间的探索、实践而达到的。具体来讲，包括以下几个方面的内容：一是学风建设工作；二是学生基本资料管理工作；三是学生行为规范管理；四是学生工作日常管理；五是制订学生工作计划；六是完成领导和上级部门布置的其他工作。

(三)服务

"辅导咨询"的提法来自发达国家和地区学生事务领域，主要是为学生提供学习、生活和职业生涯发展方面的辅导工作。具体而言，包括为生病的学生服务、为特困生服务、为学校的正常收费服务、为考研的学生服务以及为学生就业服务等。辅导员的辅导咨询服务功能正在不断拓展，并逐渐成为辅导员的核心服务。

高校辅导员的工作任务和内容是动态的，不是一成不变的。高校辅导员要努力通过自己的工作，对大学生的思想发挥引导作用，对大学生的行为发挥规范作用，对大学生的学习发挥促进作用，对大学生的时代精神发挥激励作用，对大学校园秩序的稳定发挥维护作用，对大学生的班团组织发挥领导作用。总之，辅导员的工作是全校学生工作甚至全部工作的基础。

(四)开发

学生个体之间能力的发展是极不平衡的，个体本身诸方面能力的发展也是不平衡的。辅导员应当讲究育人的艺术，开发学生的兴趣爱好，让每个学生都看到自己的长处，充分显示其长处和优点，使之体验成功的欢乐，激发其学习的自信和勇气。这里所指的开发有以下两个含义：首先，挖掘学生的潜力，提高学生的能力；其次，培养学生的兴趣、爱好。

（五）研究

随着社会的不断发展，辅导员所面临的问题日益复杂化、多样化。同时，辅导员在日常工作中会不断遇到各种新问题、新情况。因此，辅导员在进行学生工作的同时，要不断进行思考、研究，探索解决新问题、新情况的方法。研究的主要内容有：一是研究学生的特点；二是研究学生工作的新思路、新方法；三是研究新形势下的学生工作的发展。

（六）指导

辅导员工作的对象是大学生，而大学生正处于思想逐渐趋于成熟的时期，这就要求辅导员对大学生进行各方面的指导和帮助，包括思想、学习和生活等方面，以促使大学生健康成长。这主要包括：一是指导并考核学生干部的工作；二是及时了解各班级的意见和建议，组织协调有关学生干部开展工作；三是指导学生参加就业；四是指导新生如何适应大学生活；五是指导学生做好大学生活设计；六是指导学生如何成为一名身心健康的大学生。

第二节　高校学生事务管理主体的岗位职责与能力结构

一、高校学生事务管理主体的岗位职责

从纵向看，高校学生事务管理者可分为高层管理者（校领导）、中层管理者（学生处、团委以及相关职能部门）和基层管理者

（如辅导员、相关科室人员）。

（一）高层学生事务管理者的职责

高层学生事务管理者，通常由学校党委指派一位校领导（通常是校党委副书记或者副校长）担任。学校党委是学生事务管理的领导者和决策者，依据国家相关方针、政策，制订总体规划和实施计划，适时调研学生思想政治状况，把握学生事务管理的现状，及时调整工作策略，以适应不断变化的时代要求。

同时，学校设立党委直接领导下的学生工作领导小组。由分管校领导牵头，成员包括学生工作处（即学生处）、校团委、党委宣传部、教务处、保卫处、后勤集团以及院系党委书记等单位和部门的负责人。主要职责包括三个方面：第一，结合学校学生事务管理的实际，指导并参与学生工作的总体规划、年度计划，制定相关考评制度，建立长效运行机制；第二，督查学校各单位和部门按计划完成工作的进度，建立公开、公正的信息反馈机制；第三，及时收集各单位和职能部门所遇到的困难，依托学校各方资源协调解决，推动学生事务管理的民主化、科学化进程。

（二）中层学生事务管理者的职责

中层学生事务管理者，通常是指学生工作处、团委、教务处、后勤处等单位和职能部门的主要负责人。学生工作处是以职能为载体，我国高校因为校情各不相同，学生工作处承担的职能往往不同，素有“大学工”与“小学工”之分。所谓“大学工”，就是广义上的学生工作，包括招生、就业、评奖评优、助学贷款、勤工助学、宿舍管理等。

安徽财经大学以“大德育观”为理念，构建“大学工”体系。其学生工作处的主要职责包括以下多个方面。

（1）贯彻执行党的教育方针和学校党委、行政的决定，负责制订、落实学生工作计划和管理规章制度，全面组织实施学生的思想政治教育和事务管理工作。

(2)负责对学生开展政治教育、道德教育、心理健康教育、人文素质教育、通识教育等各项教育活动。

(3)负责全校学生的日常管理和行为规范教育,并处理学生违纪、违法事件,搞好犯错学生的教育转化。

(4)负责全校专职学生政工干部队伍的选拔、培养和管理,以及兼职学生思想政治工作人员的指导,组织开展德育科学研究。

(5)负责学校"奖、贷、助、补、减"学生资助体系的建立和相关制度的健全与完善;评比、表彰各类学生先进集体和优秀个人,组织评审、发放各类学生奖学金,组织实施国家助学贷款;负责社会助学、减免学费、临时性困难补助的审批与发放,组织学生勤工助学活动。

(6)负责全校学生思想品德课的教学与学科建设工作,以及对学生开展学习、就业、法律及身心健康等咨询活动。

(7)负责网络思想政治教育及学生工作办公自动化和信息化建设;采集和分析学生的发展信息,组织实施学生的思想政治教育和学生的发展教育工作。

(8)根据国家政策制定学校就业管理规定,负责全校普通学生的就业指导、推荐服务、毕业派遣以及校园招聘、就业市场拓展等工作。

(9)根据国家相关规定负责全校普通学生、第二学士学位毕业生、网络教育学生的学籍资格审核和学历学位的管理工作(包括新生学籍资格审核注册和毕业生学历学位网上认证工作),与教务处、网络学院共同做好各类学生的学籍异动和学历学位证书的审核发放工作。

(10)做好学院的日常教育管理工作,开展文明校园的创建活动。

(11)协助学校党委组织部做好学生党员、入党积极分子和各类学生骨干队伍的教育、培养,以及学生党支部、基层班级的建设工作和优良学风创建工作。

(12)完成学校党委和行政交给的其他各项工作。

可以看出,该校学生工作处的职能涉及学生工作的各个方面,其下设的各科室则分工明确,在学校相关职能部门的配合下,具体落实相关工作。

(三)基层学生事务管理者的职责

基层学生事务管理者,通常是指职能部门和单位的相关科室工作人员以及院(系)的专兼职辅导员等。相关科室工作人员要在分管领导的指导下,结合本部门的实际,制订总体工作规划、年度工作计划,提出设备需求和经费投入。

综合事务办公室是内部管理、信息管理和综合事务的归口管理部门。招生注册办公室是学校招生领导小组的日常办事机构,是本科招生、学籍(注册)管理和新生入学报到事务的归口管理部门。大学生就业中心是全日制普通本科毕业生就业指导、就业市场拓展和毕业生事务的归口管理部门。高校学生事务管理与服务中心是学生行为规范、突发事件、安全事务、学生生活园区、学生活动场所等事务的归口管理部门。

二、高校学生事务管理主体的能力结构

随着现代社会的不断发展,社会生活中的一些不确定性因素逐渐增多,由简单原因引起复杂结果的事件随时都可能发生。面对复杂局面和突发事件,要求学生事务管理者做到思维敏捷、判断准确、决策及时、行为果断。结合学生事务管理的工作实践,我们认为学生事务管理者需要具备以下五个方面的能力。

(一)感召力

基于领导过程进行分析,感召力对应于或来源于被领导者的能力,即吸引被领导者的能力。从学生事务管理的视角来看,感召力是指借助个人高尚的道德品质、广博的知识素养、坚强的意

志品质等，用自己的人格魅力来吸引学生，成为深受大学生欢迎的良师益友。要让这种无形的力量渗透到学生的学习、生活等各个方面，以潜移默化地影响学生，引导学生不断地完善自我。

（二）影响力

基于领导过程进行分析，影响力对应于影响被领导者和情境的能力。从学生事务管理的视角来看，影响力是指通过个人的行为示范来影响学生。学生事务管理者在公开的场合，准确表达自己的观点、善于做演讲和宣传，能够影响学生有意识地培养自己的语言表达能力；在各种文艺表演中，娴熟自如地表演自己的才艺，能够引导学生努力拓展自己的文艺素质，促进学生的全面发展。诸如此类，学生事务管理者通过自己的言行，利用不同的契机来影响学生，引导学生全面发展，促进学生成长成才。

（三）前瞻力

基于领导过程进行分析，前瞻力对应于群体或组织的目标和战略制定能力。从学生事务管理的视角来看，前瞻力包含两个方面：一方面，对国家政策和形势有全面把握，并能结合工作实际及时做出工作规划调整，以顺应国家的需要，适应社会的要求；另一方面，对学生中容易出现的问题有预防方案。目前，我国正处于社会转型时期，社会对人才的需求在不断变化，这要求学生事务管理者不断更新教育理念，改革教育方式，制订科学合理的培养方案，培养适应社会需要的人才。

（四）控制力

基于领导过程进行分析，控制力对应于控制目标实现过程的能力。从学生事务管理的视角来看，控制力是指能够把握工作的节奏，顺利推进工作的进度以实现预定目标的能力。学生事务管理者应从现实出发，透过当前大学生中存在的各种现象，探索高校思想政治教育的规律和方法，预测思想政治教育的发展趋势，对原有的决策、方案和意见及时进行修改和补充，因势利导，从而掌握工作的主动权，把工作向前推进。

（五）决断力

基于领导过程进行分析，决断力对应于群体或组织目标实现过程的能力，主要是指正确而果断决策的能力。从学生事务管理的视角来看，决断力是指遇到突发事件能够果断处理，随机应变的能力。学生事务管理者应密切关注影响学生思想和行为的直接或间接因素，准确把握学生思想和行为变化的临界值，增加对思想行为可变因素的敏感性。一旦发生重大灾害性事故、治安案件等突发事件，能做到处变不惊、沉着应对、果断处置，及时稳定学生的情绪，防止事态扩大。

第三节　高校学生事务管理主体的心智素质分析

学生事务管理关注并作用于学生的生活世界，其在实现服务功能的同时，能够帮助学生自己去打开生活这本书，从中找到生活的意义，去发现生活中的种种美好事物，引导学生不断去拓展他们的生活实践，丰富他们的生活经验，建构起更有深度和广度的意义场域。要实现这样的教育目标，需要学生事务管理者具备较好的心智素质。

一、职业认同

（一）角色定位

从社会学的视域来看，角色是指在社会结构中，由于社会分工和身份地位而应当表现出来的符合社会期待的行为模式。高校辅导员角色，是指辅导员在工作实践中所表现出来的符合社会期待的行为模式。我们应当从社会结构、行为模式、权利义务、社会期待等方面来理解辅导员的角色定位。关于辅导员的角色定位,《普通高等学校辅导员队伍建设规定》中讲得非常清楚:辅导员应当努力成为大学生的人生导师和健康成长的知心朋友。“人生导师”和“知心朋友”不是简单的并列关系,成为学生健康成长的知心朋友是做人生导师的前提条件,也是对人生导师的进一步阐述或补充。辅导员承担着培养人、教育人的重要职责,是大学生思想政治教育最基层的实施者。他们向大学生传播先进的思想和科学的理论,指导大学生在形形色色的社会思潮和意识形态中做出正确选择。这是理解辅导员角色的关键词。

根据《普通高等学校辅导员队伍建设规定》所述,辅导员最本质的角色定位,最能体现辅导员存在价值的职责,是大学生的人生导师;最重要的工作定位,是帮助大学生树立正确的理想信念,树立科学的世界观、人生观和价值观。

(二)价值认同

对辅导员角色和工作认同的核心问题是价值认同问题。认同是发生在个体、社会和自我之间的,是在这种关系中来确立人自身的身份感问题。从本质上说,人们就是要通过追问(诸如职业的社会价值、对个人的价值,乃至追问人生的价值和生命的意义),证明自己的身份,从而正确地认识职业的价值和自己的价值。而当我们在确立自己的身份感的时候,又总要受到一定的利益需求、情感和信仰等问题的影响,总是认同那些与自己的情感、信仰和利益需求相一致或相近的东西。此外,很多辅导员工作几年后不愿意离开自己的工作岗位,认为从事辅导员工作是情感所系,实际上就是将工作上升到了情感和信仰的高度。

有学者认为,提升辅导员的价值认同,主要在于辅导员要在提炼主导价值中来确立自己的价值认同,在协调价值矛盾中不断发展和强化价值认同,在岗位实践中不断深化价值认同。

二、专业要求

(一)知识结构

学生事务管理是以服务为载体,在学生的生活世界来实现教育功能。当今的年轻人,思维活跃、思想开放、价值多元化。要想在生活中赢得他们的尊重、佩服和信任,就要求学生事务管理者具备敏锐的思维和多元的知识结构,要在工作实践中逐步建构自己充满活力和高效运作的知识结构,能够根据不断变化的现实环境迅速寻找到合适的方式或方法,达到预期的教育目的。

学生事务管理者合理而高效的知识结构,应将包括马克思主义关于人的本质及全面发展的理论等核心理论作为基础学科知识。同时,还应将思想政治教育学、政治学、心理学、社会学等本体学科知识,以及哲学、历史、艺术、文学、常识、自然科学及其他社会科学(包括教育学、经济学、人类学、社会学、文化学、心理学等)的相关学科知识作为外围知识层次。另外,在工作实践中,还应包括演讲、写作、社会调查等操作性学科知识。

核心知识层次起着基础性、主导性作用,决定着思想教育的战略方向,反映着思想教育的实质,这个核心一旦构建并运作起来,就会产生诸多的功能与效应,对汲取知识、增长智慧、涌现创造性灵感、形成核心特长和能力乃至提高综合素质都具有积极意义。外围知识层次,它以众多紧密相关的学科知识作为知识核心的辅助、支撑和互补成分,凭借核心知识层次的辐射效应与其合理的融合,组成圆满的知识结构。外围知识层次既是核心知识层次不断拓展辐射的重要土壤,也是确保整个知识结构充满活力而高效运作的重要条件。

(二)心理素质

一般来讲,心理素质是以人的自我意识发展为核心,由积极的、与社会发展相统一的价值观所导向的，包括认知能力、需要、兴趣、动机、情感、意志、性格等智力和非智力因素有机结合的复杂整体。心理素质的发展是人的整体素质提高和发展的基础和核心。当前，做好学生事务管理工作，要求辅导员具有较高的整体素质。因此，学生事务管理者的心理素质对学生事务管理工作显得尤为重要。结合工作的实际要求，学生事务管理者的心理素质主要包括以下三个方面的内容。

1. 高尚的道德品质

学生事务管理者与学生朝夕相处，通过为学生提供各种形式的服务来达到育人的目的。学生事务管理者高尚的道德品质，在教育过程中能够形成潜移默化的力量，在有形和无形中陶冶学生的情操，影响和感染学生。这种影响在学生灵魂塑造中是其他任何方面的影响所难以企及的。

2. 良好的认知能力

目前，心理学家更倾向于用认知来描述个体在认识方面的能力。认知既包含了一种动态性的加工过程(认识)，又包含了一种静态的内容结构(知识)。良好的认知品质应是敏锐的观察力、丰富的想象力、牢固的记忆力和良好的思维能力的综合。其中，学生事务管理者的观察力应具有客观性、全面性和敏锐性。客观性是获得各种信息的基础；全面性是保证获得信息的完整性、保证判断的周全性；敏锐性是及时捕捉学生中的各种信息和及时决策的重要条件。良好的想象力和思维品质是培养创造力的基础，也是对问题进行推断和解决的基础。总之，良好的认知能力是学生事务管理者应该具备的基本素质，关系到为学生服务的绩效。

3. 健全的情绪情感

学生事务管理的工作对象是学生，这就决定了情绪情感的把握是工作中的必需环节。这里所指的情绪情感包括两个方面：第一,学生事务管理者对学生的情绪情感。热爱学生是学生事务管理者教育学生的基础和起点,是做好学生工作的前提。只有热爱学生,才能对学生怀有深厚的感情。通过深入了解学生,细致分析学生的种种思想、行为、表现,发现他们身上的优点和不足,然后有针对性地开展教育和服务,对他们的进步与成绩进行强化,以引起他们的自豪感和自信心。第二,学生事务管理者自身的情绪情感。大学生正处于情感丰富但情绪不稳定的心理发展阶段,学生事务管理者每天要和许多大学生接触,在管理和教育活动中可能出现偶发事件,只有善于控制自己的情绪情感,才能妥善处理偶发事件。同时,只有善于控制自己的情绪情感,才能保持愉快的心境和积极的热情。

当然,学生事务管理者的心理素质还应该包括不屈不挠、不断进取的意志品质和宽容大度、谦虚谨慎的性格等。这些都是学生事务管理者应该具备的良好素质,关系到为学生服务的绩效。

第四节　高校学生事务管理主体的队伍建设

一、强化专业管理队伍建设

近年来,高校学生事务管理已经逐步摆脱传统纯经验式的工作模式,走上了一条科学化、专业化、学术化的专业发展道路,也出现了管理队伍的职业化、专家化倾向。

(一)高校学生事务管理人员的专业化发展

1. 完善职业准入制度

我国并没有学生事务管理这个专业,所以,早年间从事这个职业的人员是五花八门的,各个专业的人都有,其中很大一部分是留校生。虽然这种职业分配有利于学生事务管理,因为留校学生对这些事务非常熟悉,但是,这样的用人方式也有一定的弊端,容易出现思维模式、工作模式相对固化,缺乏创新。

在当前,要树立起这样一种观念,学生事务管理工作需要专业的人员来做,并不是什么样的人员都可以胜任这份工作。从本校选留毕业生当然是一条捷径,但我们应该力争从不同的大学引进人才,让各种思想能够交汇,多样化的行为能够呈现,更多的做法能够被理解,让不同大学的德才兼备的毕业生进到学生事务管理队伍中来。

从事高校学生事务管理的人员最好具有心理学、管理学、社会学、法学等相关知识背景,而在沟通交流、心理咨询、团队活动中有突出表现的可以优先考虑。要把这些考虑进一步规范,通过高校联盟的方式,建立起高校学生事务管理者从业标准,逐步建立并完善准入制度,为后续的专业化管理打下基础。

2. 加强职业规划指导

学生事务管理者作为一支专业化的工作队伍,职业生涯的规划设计显得特别重要。学生事务管理者的职业周期大体分为以下几个阶段:入职前、入职中、能力形成阶段、能力上升阶段、职业稳定阶段、职业懈怠和退出阶段等。

在职业生涯的不同阶段,学生事务管理者必须要对这一职业有深刻的认识,分析自身的个性、工作的目标和需求,做出适合自身的职业规划,走出一片职业发展的春天。入职前可能对这一职业并不是特别了解,因而应该要有一个入职前的职业了解、熟悉过程,并且具备一定的专业职能和胜任学生事务管理工作的基本能力。入职后随着工作的开展、情况的了解,对这一职业开始有理性的认识,并逐步培养起开展学生事务工作的专业能力。后期随着职业发展的深入,对从事工作业务的精通,逐渐发展成某一专门领域的专家型事务管理者,并且能够在工作中有所创新。接下来这类优秀的学生事务管理者要么开始走上领导岗位、从事管理工作，要么开始成长为一名真正的学生事务管理专家，能将自己所从事的工作上升到理论研究阶段，提炼出有理论价值的学生事务管理理论。

3. 建立起考评、激励机制

任何一个职业都有自身的职业目标、考评机制。对于高校学生事务管理者的考评要建立在科学、客观的基础之上，不能简单地以工作量多少、坐班时间长短来衡量其工作业绩，而要以发展的眼光看待考评。高校学生事务管理者对提高人才培养的质量的实际效果，理应成为最关键的指标。例如，所培养的学生是否具有优秀的思想品质、专业素质、心理素质，所培养的学生能否经得起风浪、经得住挫折的考验，所培养的学生是否能够获得用人单位的青睐等，这些都是考核高校学生事务管理者的核心要素。此外，可以通过多方评估对事务管理者进行全方位、多角度的评估，学生对事务管理者的直观印象、学生工作领导小组对事务管理者的专业素质考评，重点考核高校学生事务管理者的工作态度、业务熟练程度、工作成效、开拓创新等。除此之外，学生事务管理者的自我评估也应考虑进来。这样结合多方面的考察评估会得出一个相对合理的考评结果。

建立健全高校学生事务管理者的激励机制，对于促进其专业化发展也有一定的作用。其中，薪酬制度除了考虑学生事务管理者能从这个职业获得根本的生活保障，还应考虑学生事务管理者的工作量大、工作时间长、处理突发事件等特点，适当提高薪酬水平。培训制度要重视学生事务管理者的素质、能力发展，保证每一名学生事务管理者都能得到及时的、专业的培训，为学生事务管理者的职业发展做好规划。职务晋升制度要为学生事务管理者的职务、职称晋升提供便利，让高校学生事务管理者在工作中能获得更多的尊重，能够获得职业自豪感。通过薪酬制度、培训制度、晋升制度等一系列激励，在提高学生事务管理工作成效的同时，实现学生事务管理者素质与能力的提升。

(二)高校学生事务管理队伍的专业化、专家化

1. 合理确定高校学生事务管理队伍的专业地位

首先必须要明确的一点是,学生事务管理并不是毫无专业性的,也绝对不是人们传统观念里的打杂的,什么琐事都需要做。事实上,学生事务管理是一个具有较强专业性的管理岗位。以美国为例,美国的高校学生事务管理之所以能取得不俗的成绩,就是因为其在实践中逐步建立起完善的高校学生事务管理理论,并在高校学生事务管理理论的科学指导下逐渐走上了专业化发展道路。

中国这些年才逐渐发展起来的高校学生事务管理,从一开始就站在了较高的台阶上,大量借鉴了西方国家比较成熟的理论和经验,获得了一个很好的发展态势。下一步要做的工作是结合中国国情、中国高校的特点,综合教育学、心理学、管理学、社会学等方面的知识,因地制宜地构建起属于我们自己的学生事务管理理论,为学生事务管理的专业化发展奠定基础。

2. 高校学生事务管理队伍建设的专家化

高校学生事务管理队伍的专业化建设急需打造一批专家型的人才,即要加强对高校学生事务管理者的专业化培训,把学生事务管理者打造成某一方面的“专家”“学者”。

高校不仅是培养优秀学生的地方,也是培养老师的地方。因此,可以借助高校的学科优势,着重打造与工作相关的专家型事务管理者。加强事务管理者的培训,让他们学习管理学、社会学、心理学、哲学、法学等相关专业知识,使他们掌握与学生密切相关的工作方法、工作思路。将人际交往指导有特长的老师重点打造成人际交往专家;将心理学、心理咨询方面有特长的老师重点打造成心理咨询专家;将了解国家就业政策、求职技巧的老师打造成职业规划师、就业培训师。这些专家可以是“一专一能”“一专多能”“多专多能”,不求面面俱到,只要有某方面的特长、专长就

行。通过构建专家化培养模式推动学生事务管理队伍的专业化建设，也将进一步巩固学生事务管理者的地位。

二、引入导师制，建设高素质兼职管理队伍

（一）导师角色定位

1. 良师

在我国人才培养模式中，对研究生主要是导师制，本科生主要是辅导员、班主任负责制。将导师制引入本科生培养，在很多高校已经取得了较好的效果。导师本身就是在本专业领域具有一定建树的优秀教师，因而将导师制引入本科生培养体系，首要的任务就是对学生进行学业上的专业指导。当前大多数高校已经实行学分制，在学分制背景下大学生如何更好地开展学习，这对刚进入大学的学生来讲完全是个全新的课题，这时导师对学生来讲就是指路明灯。导师利用自身丰富的专业知识、教育经验，给学生提供专业的、切合实际的学习规划指导，让学生有目的、有计划的学习。除了进行学业规划指导，导师还要进行专业方向的指导，指引有专业发展前景的学生，较早地参与导师的科研活动，提高综合能力。特别是一些资深的老教师、老教授加入到导师制的队伍中来，对学生的积极影响将会更大。老教师、老教授在学术水平、研究方法、学术思维方面具有更高的层次和境界，通过他们的传授、教导，学生能在潜移默化间感受其人格魅力，对于培养学生的科学精神、创新能力都会产生积极深远的影响。

2. 益友

实行导师制，一个导师所带的学生数量有限，不会像专职的学生事务管理者管理上百甚至几百学生。导师一般带 4～5 个学生，因而有更多时间与自己所带的学生进行交流。人与人之间最

重要的沟通方式就是交流，通过交流、交谈，大家交换思想、交流情感。通过真诚的交流，学生能够了解导师是不是抱有真心，导师也能通过全方位地沟通了解学生的基本情况，了解学生所思所想，了解学生生活、交友、学习、实践等方面的基本情况，从而有针对性地开展教育活动，并提供切实有效的帮助，帮助学生清除心理障碍，成为学生可亲可敬的朋友。

(二)导师工作的主要内容

1. 思想引导

导师制的一个重要任务就是对大学生的思想予以关注，对大学生进行思想教育、道德教育、法治教育、信念引导，引导大学生多角度了解社会、适应社会、融入社会，树立起正确的人生观、世界观、价值观、方法论。

2. 学业指导

首先，导师要了解自己指导的学生的特长、兴趣、特点，根据每个学生的不同兴趣点指导他们了解自己学习的潜能和特点，帮助学生深刻认识、了解自己所学的专业，包括专业的发展前景和未来方向，教给学生正确的学习方法，帮助学生制订职业规划、确定未来发展方向。其次，导师应多带领学生参与科研活动、社会实践，在不断的实践中使学生加深对专业发展的了解，使学生得到一定程度的科研素质的基本训练和实践能力的锻炼。学业指导是导师最重要也是最主要的工作任务，导师要想方设法地调动学生的学习兴趣，在专业教育中融入思想教育，不分课堂内外，充分发挥好第一课堂和第二课堂的教育作用，把握好学生的共性与个性，一方面为人师表，另一方面应发挥好自身的人格魅力、人格感化，既教书又育人，促进学生素质的全面发展与提高。

3. 生活指导

导师不仅仅是大学生思想上、学习上的向导，也是大学生生活上的向导。导师在课堂上给学生传道授业，课堂外与学生交心谈心，指导学生尽快熟悉大学生活，尽快适应大学生活；指导学生明确生活目标，端正生活态度，树立正确的人生观；指导学生生活，养成良好的生活习惯，提高生活质量；教育学生在生活中遵守社会公德，做一个对社会、对家人负责任的、高素质的公民。

4. 心理疏导

导师因为指导的学生人数相对较少，能够更细致、更具体地了解到学生所面临的实际问题。导师要针对每个学生的实际情况，在心理上予以安慰、开导和化解学生面临的各种心理问题。导师有丰富的人生阅历、更加贴近学生的生活经验，又能及时了解学生、关注到学生，因而采用一定的心理咨询、心理引导手段能帮助有心理困惑的学生走出不良状况，预防因心理原因导致的意外事故的发生。

（三）导师制在学生事务管理中的优势

1. 学生管理模式的创新

将导师制引入高校学生事务管理是对当前学生管理模式的极大创新，将大大优化教育资源的配置。当前高校学生事务管理还是主要由辅导员负责，一个辅导员负责一个年级甚至一个系的学生，少则几百人，多则上千，时间、精力、能力有限，无法给学生提供更多的指导、帮助。导师制的出现将会彻底改变这一现状。一个导师往往只负责几个、十几个学生，这为学生和老师接触提供了更多的机会。导师以其学术水平、人生阅历、人格魅力给学生更多的引导，学生也在这样的接触中更多感受到学校、老师的关心、帮助和指导。如此一来，就能很好地创新当前的学生管理模式，构建起纵横交错的立体育人环境，增强学校管理的育人效果。

2. 改变课堂教学与学生事务管理的分离状态

长期以来，学生课堂教学与学生事务管理是两张皮，教管分离。老师只负责课堂教学、专业培养，课堂上一言堂式的教学灌输，下课走人，根本不了解自己所教授学生的思想、理想、观念，更是很少关心学生的日常生活、日常管理。高校的学生事务管理只负责学生的思想教育、日常行为管理，对学生所关心的专业却知之甚少，很多高校甚至将学生事务管理凌驾于学业管理之上，任意霸占学生的学习时间，造成了学业与事务的对立、冲突。导师制的出现将极大地缓和这种紧张关系，改变学习与生活相脱离的状况。导师利用专业教学的机会，很好地将教学与学生的日常管理、思想教育结合在一起，将专业学习与未来职业规划结合在一起，有更多的时间与学生交流、谈心，将教书、育人真正地结合起来，彻底改变课堂教学与学生事务管理的分离状态。

(四)建立导师的准入、评价制度

1. 导师的准入制度

实行导师制意义重大，对导师的要求很高，需要建立起一整套导师的准入、评价和考核制度。导师的任职条件，一般而言其学历至少应是硕士研究生，职称要求副教授及以上，这是保证导师基本质量的必要条件；具有高度的责任心和奉献精神，愿意从事本科生导师的工作，愿意花时间和大学生交流，愿意花时间指导大学生的学习、生活、工作；对本专业的培养目标明确，清楚了解本专业的培养方案，明确知道要培养什么样的学生，怎样培养学生；担任导师的时间相对固定，最好从大一新生一进校就开始担任一直到学生毕业，中途无特殊原因不得退出或更换；具有丰富的专业知识、合理的知识结构，较高的学术理论水平和科技创新能力。导师与学生之间适宜双向选择，导师向学生介绍自己的专长、性格、讲授的课程，学生根据自己的了解、兴趣和要求选择适合自己的导师，双方经过一段时间的磨合还能提供一个再次选择的机会，这对双方来讲会是一个受益匪浅的机会。

2. 导师的评价制度

对导师的评价首先是关注导师的目标定位，导师自己希望达到一个什么样的水平；其次是关注导师的工作过程，导师指导的形式、指导的时间等。评价时要酌情参考导师指导的结果，但不能作为唯一的参考依据。对导师的评价结果要定期公布，一方面让导师了解自己的工作业绩，另一方面给后来的学生提供参考，让后来的学生能够更加科学地选择导师。

三、吸纳学生参与，培养后备管理力量

学生参与高校学生事务管理就是指一些在读的研究生或者高年级的本科生在老师的带领下，参与对低年级学生的日常事务管理。由于他们本身是学生，所扮演的角色主要是榜样、朋友，因而也有人将其称为“导生”。导生的出现既满足了学生希望获取更多优质服务的需要，也将大大缓解专职学生事务管理者的工作强度，对导生自己而言，也是一次锻炼、提升的好机会。

（一）大学生参与学生事务管理的角色定位

1. 榜样

能够成为导生的大学生都是比较优秀的学生，让他们参与学生事务管理也是看中了他们的优秀特质。优秀的导生一般都是高年级学长或者本专业的研究生，他们参与学生事务管理，更容易引起同学的仰慕与尊重，作为成功的过来人，无论是在工作上、学习上还是生活上，都可以给学弟学妹提供很好的参考和引导，更容易获得广大学生的认可。因此，这些导生一般对大学生而言

能够起到一个很好的榜样、示范作用。

2. 朋友

导生毕竟也是大学生，这是他们参与学生事务管理的最大优势。本身来自学生，了解学生，知道学生的需要。对一般的大学生而言，大家就是朋友，是朋友就更好沟通。导生与一般同学年龄相仿，完全没有老师的距离感，大家互信、互助，有很多的共同语言，悄悄话、小秘密都可以讲，信息的双向传递快、效率高，这也是充分运用朋辈心理原则开展学生事务管理的典型做法。

（二）导生的选拔、培养、评价

1. 导生的选拔、培养制度

对于从事学生事务管理的大学生的选拔应采取公开、公平、公正、严肃的态度，把真正素质高、能力好的学生选拔出来。对导生的选拔可以采取企业招聘人才的方式进行，如遵循学生自愿报名、老师民主评议、学生重点推荐、老师重点考察、聘任结果公示等环节。在这样的一个过程中，学生既可以提前感受到就业的氛围、竞争的激烈，也可以让选拔为导生的学生有一种强烈的成就感和责任感，还会让暂时没有选上的学生看到自身的差距，更加激发学生成长的动力和学习积极性。除了严格把好选拔关，对导生队伍的培训、教育更加重要。要给他们提供良好的岗前培训，培训内容既要包括思想政治素质也要包括必要的工作技能、工作技巧、心理健康等内容，关心他们在工作中遇到的各种问题，经常举行工作交流会，讨论解决工作中遇到的各种问题，帮助导生解决实际困难。

2. 导生的评价机制

对导生的客观公正评价，既是对导生工作的正确认识，也是对导生努力付出的激励。设定评价指标，导生本人评价占 30%，学生评价占50%，同行评价占20%。可以采用定期检查和抽查的方式。定期检查安排在每学期期末，通过导生自我评价和学生座谈、发放问卷的形式开展。导生对照当年年初工作目标、对照导生工作条例，结合自己的工作实际得出一个相对的分数。学生的评价占的比重适当多一点，占到50%，通过座谈了解学生对自己导生的总体评价，通过发放问卷，让学生对导生工作情况、工作能力、与同学在一起的时间多少、工作内容、活动开展、在班级中的影响等具体打分，给出一个全面、综合的评价。除此之外，引入直接从事高校学生事务管理的老师的评价，作为第三方评价人，因为不直接影响自己的利益相对比较公正。高校学生事务管理者根据自己的观察、了解，如果有可能的话深入学生做进一步深入的了解，对导生进行相对公正的评价。综合三方的评价给导生得出一个最终的分数，并进行排名。在适当的时候评选先进导生，或按照排名给导生发放数额不等的奖励金，以示对导生工作的认可，能够调动导生的工作积极性，激励导生更好地开展工作。

(二)导生制在学生事务管理中的优势

1. 有利于更深入、全面地了解学生

大学生由于家庭、经济、地域、性格等产生的心理困惑、心理问题越来越多。导生利用各种机会、多种场合近距离接触学生，利用自己的亲切感和学生交心、谈心，从中发现一些带苗头的想法、行为，及时化解处理或者将情况告诉学生事务管理者，大家一起想办法共同克服、共同解决，这样能在更大程度安慰学生的心理、了解学生的思想动态，使得很多危险的问题得到及早的遏制，提高高校学生事务管理工作的深度和力度。

2. 有利于缩小师生距离，密切师生关系

导生少了教师的权威与严肃，多了朋友间的放松和无戒备。导生一般与学生之间更容易亲近，易于交流、产生共鸣。当前大

学生正处于一个异常复杂的社会环境,很容易受到各种不良思潮的影响。当他们遇到问题没办法解决的时候,特别需要找人倾诉,希望得到指点。很多时候教师的威严让他们望而却步,苦恼无处诉说。这个时候,导生以其优秀的过来人身份为这些同学宽慰心理、分析问题,大家一同交流、一同探讨、一同学习,共同提高。

3. 有利于导生自身素质的提高

导生制的实施是一个双向的过程:一方面导生利用自身的专业知识、丰富阅历给一般学生提供温馨的帮助、智慧的指导,帮助大学生面对自己的问题、解决问题;另一方面导生在学生事务管理的工作实践中实践了自己的专业、锻炼了自己的胆量、培养出一种坚强的意志。在处理各种突发事件的过程中将所学理论和实践紧密结合,是一种知行结合的过程,对导生来讲在这样的实践过程中将会获得不可多得的实践经验,无论是对自己今后的工作还是学习都将积累宝贵的经验和教训,对其而言是大有裨益的事情。

4. 有利于激发学生的兴趣,促进学生的人格完善与全面发展

大学校园里社团五花八门、活动丰富多彩,大学生怎样从这些活动中找到适合自己的,培养自己的兴趣爱好,锻炼自己的能力,成为当前学生事务管理的新课题。此时,通过导生能够在正式或者非正式的场所营造一种愉快、宽松的氛围,鼓励学生积极地参与到各种各样的活动中,帮助学生寻找自己的兴趣、培养自己的综合素质,同时让学生深切地认识到大学绝不仅仅是学习那么简单,学会和人友好相处、学会在各种困难中坚持自己的初衷,锻炼坚强的意志特别重要。既能学会学习,更能学会做人,合理地安排自己的学习生活和生活方式,这对于学生的人格完善与全面发展来说是十分重要的。

第五章　国际视野下高校学生事务管理的运行保障研究

高校学生事务管理是高校管理中非常重要的一个组成部分。在当今国际视野下，高校学生事务管理要想顺利地运行，就应当充分借鉴国外优秀的理念与实践经验，做好多个方面的工作进行保障。本章着重对高校学生事务管理的组织形态及其优化、环境及其营造、制度的制定与实施、绩效激励的实施、管理体系的优化等内容进行探讨。

第一节　高校学生事务管理的组织形态及其优化

鉴于不同国家有不同的历史文化传统，有不同的大学使命、目标和规模，因此，世界上并没有一个学生事务管理组织机构是普遍适用的。也就是说，不同国家的高校有不同的学生事务管理组织机构。当前，世界高校学生事务管理工作的指导思想主要就是为学生服务，为社会服务，因此高校学生事务管理组织机构的设置也主要在这一指导思想下进行。

一、国外高校学生事务管理的组织形态

美国没有国家层面的统一的高等教育系统，各个州都有自身独立的高等教育系统。在不同的高等教育系统下，美国高校也呈

现出多样化的类型。高校类型虽然多样化，但学生事务管理组织却有一定的相似性。美国高校一般有一个校长，下面设三个副校长，分别主管学术、学生事务和财务这三个重要方面。学校的学生事务管理工作由分管学生事务的副校长主管，其是学校领导成员的重要组成之一，是与主管学术、财政、行政、科研等的负责人并列的，其下设多个分支机构。当然，美国高校学生事务管理机构和管理人员的名称和头衔各校不尽相同，图 5-1 是一个典型的美国高校学生事务管理工作的组织结构模式。

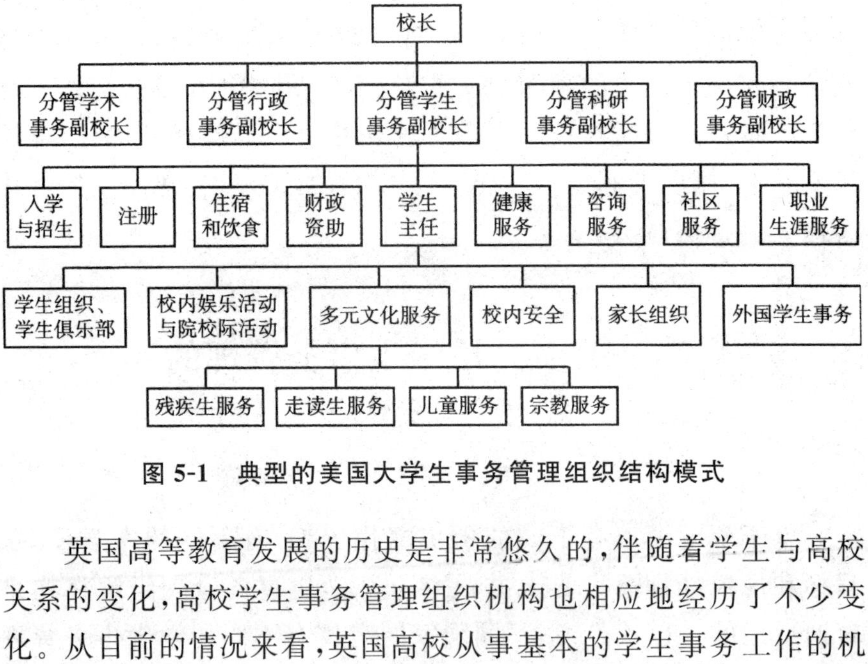

图 5-1　典型的美国大学生事务管理组织结构模式

英国高等教育发展的历史是非常悠久的，伴随着学生与高校关系的变化，高校学生事务管理组织机构也相应地经历了不少变化。从目前的情况来看，英国高校从事基本的学生事务工作的机构主要有以下一些：一是综合性的学生咨议办公室，主要以答复学生在日常生活中的各种咨询问题，帮助和指导他们消除疑惑为主要职责；二是学生心理咨询机构，主要以答复学生的心理咨询，为存在心理问题的学生提供帮助为主要职责；三是学生住宿办公室，主要职责是为住宿的大学生提供住房或者住房信息；四是导师办公室，主要以给那些在课程选择和学习过程中存在障碍的大学生提供帮助和指导为职责；五是学生就业服务办公室，主要职责是为大学生搜寻可靠的就业信息、帮助大学生顺利就业。上述一些机构主要是负责基本的学生事务工作，其他的学生事务工作则全部交给了大学的学联。学联是英国大学中各式各样学生团体的联合体，在大学生事务工作中扮演着重要的角色。其规模通常和大学规模成正比，大学的规模大，学联的规模也就大。为了在经费和场所设施上得到大力支持，学联主席团或管理委员会（学联的最高层领导机构）常常会邀请大学行政管理当局的人员参与其中。英国大学学联的最高领导层管理人员由学生干部、大学行政管理层、热心于教育事业的社会人士三个方面的人员组成。为了不使在学联工作的学生干部自身的学习受影响，英国还实行学联干部的休学带薪制度。在这一制度下，英国各大学学联的主要学生干部，如主席、副主席以及负责财务、教育、福利等工作的干部通常是全日制和带薪的，这一点与中国大学的学生会不同。能在学联获得全薪职位的学生可以休学一年而专心从事学生事务工作，被人称作“带薪干部”。当然，学联里面的学生干部都是经过严格的竞选产生的。

日本高校一般有一个校长，校长之下设两个副校长和一个事务局长，事务局长下设三个部门，分别是总务部、学生部和经理部。学生事务工作显然是由学生部来承担。学生部从健康福利直至课外活动、就业活动，对大学生进行多个方面的服务与援助。日本高校学生事务管理工作的主要特点是：各高校虽然自行设置学生事务工作机构，但在管理体制与管理事项方面有着一定的相似性。这里来看看东京农工大学的学生事务管理组织结构，如图5-2所示。

二、我国高校学生事务管理的组织形态

自中华人民共和国成立以来，我国高等教育行政管理体制发生了较大变化：从中央统一领导变为中央与地方（省、直辖市、自治区）两级管理，再变为中央与地方办学。就学生事务管理组织形态来说，既有政府组织形态、社会组织形态，也有学校组织形

态。这里主要说的是高校内部的组织形态。

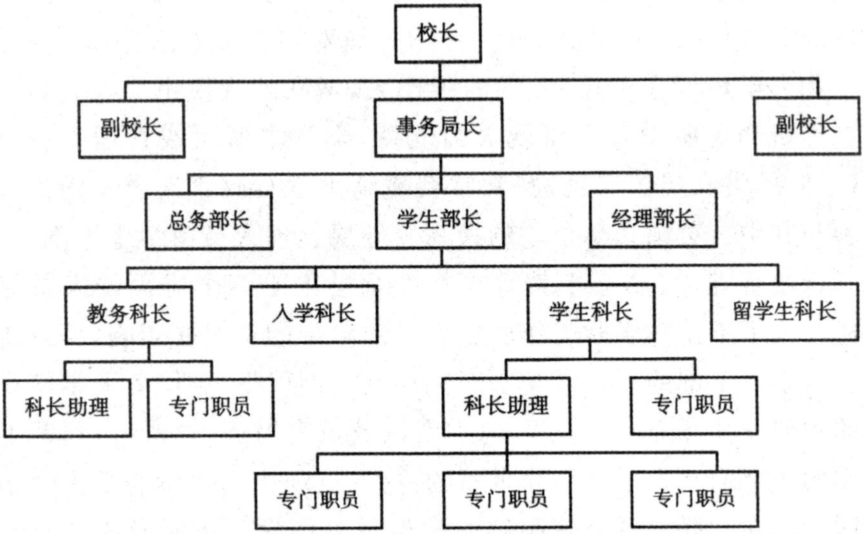

图 5-2　日本东京农工大学学生事务管理组织结构

在我国高校学生事务管理上，由于目标、任务和内容都差不多，基本上是统一的，所以，即使是不同的大学，学生事务管理组织也非常相似。就当前而言，我国高校内部主要采用的是科层式的管理体制，实行校、院（系）二级管理、条块结合、网状运行的方式。因此，学生事务管理组织也就相应的是科层式的管理组织。在学校层面，学生事务管理工作接受校党委和校行政部门的统一领导，具体负责人是副书记（或副校长）；在院（系）层面，学生事务管理工作由院党委副书记（或系总支副书记，或副院长，或系副主任）带头，各年级辅导员、班主任组成学生工作办公室负责。依据学生事务管理内容，具体的管理组织由学生处、校团委、研究生管理处、心理健康教育咨询中心和就业指导中心等部门构成。

（1）学生处。这一机构主要负责统筹管理高校学生工作，指导大学生常规管理；负责招生考试、学生学籍、学历文凭管理工作；负责其他有关服务于大学生成长成才的工作。

（2）校团委。这一机构主要负责发现和掌握学生思想倾向的问题，配合党的中心任务加强大学生的思想政治工作，部署全校团员、党员的思想教育、民主评议等工作；积极组织开展相关的政治学习活动；抓好党团组织建设，健全党、团的规章制度，并负责团费、党费的收缴、管理、使用等工作；配合党委组织部做好学生中的党建工作，协助党委办好学生业余党校，做好推荐优秀团员入党工作。

(3)研究生管理处。这一机构主要负责有关研究生的各项工作，包括研究生思想政治教育工作、研究生学籍方面的工作、研究生事务管理和奖惩工作、研究生资助工作、研究生社会实践工作、研究生就业指导工作等。

(4)心理健康教育咨询中心。这一机构主要负责大学生的心理健康教育工作和心理咨询工作，包括心理健康知识的宣传与普及、心理健康课程的设置、心理健康教育教学活动的开展、心理咨询服务与科学研究工作的开展、心理危机的预防与干预等。

(5)就业指导中心。这一机构主要负责宣传有关大学毕业生就业的方针、政策和法规；帮助大学毕业生分析就业市场；开设职业发展与就业指导课程；开展职业生涯规划咨询服务；为大学毕业生提供用人单位的人才需求信息，以及举办招聘活动；办理大学毕业生就业手续等工作。

三、高校学生事务管理组织形态的优化

高校学生事务管理组织的设置是高校学生事务管理工作中的一项重要内容。组织健全、科学、合理，高校学生事务工作才会向着专业化、科学化、规范化发展，因此，高校近年来都非常注意学生事务管理组织形态的优化，在以下几个方面做出了相应的努力。

(一)优化组织结构

高校学生事务管理组织结构设置得科不科学、合不合理，对学生事务管理活动的有效开展及最终实现怎样的效果有着直接

的影响。毫无疑问,科学合理的学生事务管理组织结构是高校必然的选择,否则就要面临学生事务管理工作不能顺利开展或是管理效果不佳的局面。

我国高校在相当长一段时期内都采用直线型层级结构和横向职能型结构。直线型层级结构最简单,历史也最悠久,管理权力都集中在最高领导者手上,从组织的最上级至最下级管理机构形成一条指挥链,能快速做出决策,也能将管理任务快速落实到基层,指挥及时而灵活,责任与权限也分明;但领导层次多,对最高领导者的要求高,条块分割比较严重,协调沟通不易。横向职能型结构的管理层级扁平化,分工明确,可以减少最高领导者的指挥工作,让其能够集中精力去处理其他一些大的事情;不过其过分注重分工的专业化,工作强度非常大,容易增大管理者的心理负荷大,降低管理者的工作效率。针对这两种组织结构存在的缺点,优化我国高校学生事务管理组织结构就可以朝着促进组织结构的网络化、扁平化前进。

1. 网络化

基于现代信息技术的快速发展,一种广泛快捷、无差别、无层次的复杂组织结构诞生,它就是网络化的组织结构。与传统的学生事务管理组织结构相比,这种组织结构没有了自下而上或是自上而下的等级阶层,人员之间的交流与合作不再受诸多限制,可以进行较为自由、直接的沟通。这对于实现高校学生事务管理组织绩效的创新与发展来说具有十分重要的意义。

要促使组织结构朝着网络化的方向发展,首先应当注意充分应用先进的现代信息技术,其次要将部门与部门之间的界限打破,部门与部门之间的成员为了共同的目标相互联系起来,更好地促进信息的传播与资源的共享。

网络化的组织结构有两种合作交流方式:一种是以学生事务管理为核心,处于不同层级的组织所形成的网络合作交流方式;另一种是以学生发展需求为中心的并联平行组织所形成的合作交流方式。前者打破了组织界限,大大提高了资源的利用效率;后者组织间相互密切合作,有利于共享资源,集体做出重大决策。

2. 扁平化

在组织结构网络化的条件下,还应当促进组织结构的扁平化。所谓扁平化,就是通过减少行政管理层次,裁减冗余人员,增加管理幅度,下移管理的重心,努力建立一种紧凑、干练、弹性、高效的组织结构。

对于高校学生事务管理组织结构来说,走扁平化之路无疑也是一条正确的组织结构优化渠道。扁平化的高校学生事务管理组织结构,能够使组织内的员工不受原有部门管理界限的限制,直接面对学生、面对组织目标及工作任务,信息传递速度快、失真少,管理费用低,管理幅度大,有利于沟通,也有利于解决较复杂的问题。在构建扁平化的高校学生事务管理组织结构时,不能以部门职能为中心,而要以工作流程为中心,要下移管理重心。要想促使扁平化的学生事务管理组织结构真正发挥其优势,高校还应注意现代先进网络信息技术的应用,构建完善的学生信息管理系统,从而形成更好的学生事务管理网络。

(二)制度建设和创新

优化高校学生事务管理的组织形态,还应当注重制度建设和创新,因为健全的、不断更新的规章制度是保证组织顺利运转的一个有效措施。这需要高校做到以下几点:第一,将学生事务管理组织中那些现行的很不科学的、落后的规章制度废除掉;第二,根据社会、学校、学生的发展实际合理地调整与优化一些规章制度,使其更具有适应性;第三,从促进学生事务管理组织良性发展的目的出发,起草、制定一些新的规章制度。

(三)科学授权

授权是组织运作的关键,它是以人为对象,将完成某项工作所必须的权力授给部属人员。对于高校学生事务管理来说,将权力集中在某个或某几个领导者身上并不是科学的做法。高校应通过层层授权使学生事务管理组织的每个部门都拥有与职责相称的权力，这样才有利于职责的顺利执行。

高校要进行科学授权，高层领导者就一定要注意以下几点：第一，必须对高校学生事务管理组织内部各项工作的分配和每个部门应当承担的职责、所享有的权利有一个清晰的认识；第二，要以能授权，如果下级的自主工作能力强，那么可以适当授权，如果下级的自主工作能力弱，则不应当授权；第三，只能对自己的直接下属授权，不能越级授权；第四，必须设置一套健全的监督、检查、考核制度，以便进行有效控制，在被授权者不能胜任或是偏离目标时进行及时调整。

（四）保持职、权、责的一致性

组织要发展，要有很好的管理效果，职、权、责之间的关系是必须要重视的问题。职就是不同的岗位，工作需要决定着某一职位的存在，这些职位构成了整个组织的管理体系。权就是职位范围内的权力，是由岗位本身的特点来决定的，于岗位设置时产生。责就是任职者为履行一定的组织职能所承担的一系列工作任务，以及完成这些工作任务所需承担的相应责任。有职权就有责任，职、权、责应当是紧密相连、不可分割的一个整体，这是一条不变的道理。当组织中的管理人员保持高度一致的职、权、责时，管理工作才可能有序地进行，才可能获得良好的管理效果。

具体到高校学生事务管理组织，要想得到优化，确保职、权、责的一致性也就成了很重要的一个方面。要做到这一点，首先应明确岗位责任制，将所有工作人员的职责与相应的要求以文件的形式表达出来；其次应构建完善的监督机制，对工作人员是否获得相应的权力进行监督，也对工作人员履行职责的情况进行监督，促使他们力求达到职、权、责的统一。

（五）构建良好的组织文化

组织文化是指组织成员的共同价值观体系。不同的组织往往有不同的组织文化，这可以使其有效地区别于其他组织。积极的、优良的文化可以激励员工积极创新、大胆尝试又注重细节，可以引导组织员工齐心协力、合作做事，可以让员工产生强大的归属感，从而增强组织的核心竞争力；而消极的、劣性的文化不具备上述优势，会阻碍或破坏组织的发展。因此，高校学生事务管理要想优化组织形态，还应当构建良好的组织文化。

构建高校学生事务管理组织文化，就是要以组织价值观和组织精神建设为核心，从可感知的层面入手，渐次达至可悟知的层面，最终实现感知文化和悟知文化的融合，建筑起组织价值观体系。其中，感知文化可通过制定组织的相应规章制度、行为准则，设计组织的表征性符号，树立先进榜样和典型，举办典礼与仪式和设计传播宣传口号等构建，而悟知文化可以通过强化组织文化核心观念的贯彻和渗透，增强组织成员对组织的认同感，引导和塑造员工的态度和行为等来构建。

第二节　高校学生事务管理的环境及其营造

环境是任何管理活动都难以忽视的问题，对于高校学生事务管理来说也是如此。如果高校学生事务管理的环境良好，则管理活动更能有效开展，学生事务管理者的工作积极性和创造力也更容易激发；反之，如果高校学生事务管理的环境不好，那么常常会出现事倍功半的情况。因此，高校一定要因地制宜、因势利导，营造良好的高校学生事务管理环境。

一、高校学生事务管理环境的定义与特点

（一）高校学生事务管理环境的定义

关于环境的定义，不同领域、不同学者都有不同的理解。比

如，斯蒂芬·P. 罗宾斯认为，环境即对组织绩效产生着潜在影响的外部机构或力量，是组织生存发展的物质条件的综合体，它存在于组织界限之外，并可能对管理当局的行为产生直接或间接影响。就当前来看，学术界更倾向于认为，环境是相对于某一事物来说的，是指围绕着某一事物并对该事物会产生某些影响的所有外界事物。具体到管理环境，就是指影响管理活动的各种主客观因素的总和，包括时间、地点、条件、背景等。高校是在一定的环境中进行学生事务管理活动的，学生事务管理活动也只有在一定的环境中才能运行，这个环境就是高校学生事务管理环境，具体指影响高校学生事务管理活动的各主客观因素的总和。

（二）高校学生事务管理环境的特点

高校学生事务管理环境与其他环境相比有自身的特殊性，这具体表现在以下几个方面。

(1)封闭性。高校学生事务管理环境从区域上来看具有封闭性。目前，我国很多高校都是通过围墙之类的设施将高校与外界隔开，也就是说具有特定的环境区域，这就使得高校学生事务管理也基本在高校之内进行。由于这种区域具有封闭性，因而高校学生事务管理的环境就自然具有了区域封闭性。

(2)特定性。由于高校学生事务管理的主体是学生事务管理者和学生，因而针对管理主体而言，学生事务管理环境也具有了特定性。也就是说，学生事务管理环境是由组织、指挥和指导高校学生事务各项工作的管理者与高校重要的培养对象大学生相互作用、相互影响而形成的。

(3)教育性。高校学生事务管理的出发点和落脚点在于育人，这就决定了高校学生事务管理并不单单是管理，还包括教育在其中。管理必须围绕育人来进行，要以育人为核心，以学生全面发展为根本，在具体的细节上能够尊重大学生成长的特点与规律。因此，高校学生事务管理的环境也就自然带有了教育性特点。创设这种环境就必须符合培养人才的规范和要求，必须符合培养人才的教育性目标，充分考虑学生的身心发展需求。

(4)动态性。世界上没有哪一种环境是稳定不变的，如果说稳定，那也是相对的和暂时的稳定。社会在不断地发展变化，高校学生事务管理内容也在不断地发生变化，因此，高校学生事务管理环境也必定是动态发展着的。这种动态性主要表现为以下几点。首先，从环境构成要素变化的频率来看，高校学生事务管理环境中的很多要素是经常变化的。其次，从环境变化的速度来看，高校学生事务管理环境中的有些要素变化速度较快。最后，从环境变化是否可以预期来看，高校学生事务管理环境的变化趋势很多时候是不可预期的。

二、高校学生事务管理环境的类型

从不同的依据出发，高校学生事务管理环境可以分为多种类型。

(1)依据所属范围，可分为外部环境和内部环境。外部环境主要是指高校学生事务管理所面临的当今的政治、经济、社会、文化等大环境。内部环境主要是指校园环境，包括自然环境、制度环境、文化环境和人际环境等。

(2)依据所属形态，可分为物质环境和精神环境。物质环境主要指校园内影响学生事务管理的物理因素，如建筑、景观、设备设施等。精神环境主要指影响学生事务管理的精神因素，如制度文化、观念文化等。

(3)依据功能结构，可分为舆论环境、工作环境和政策环境。舆论环境主要是指高校全体师生员工围绕社会重大问题、社会生活的方方面面、学校生存发展变化以及关涉全校师生员工切身利益的各类政策、措施、事件所发表的意见的总和。工作环境就是指高校学生事务管理活动进行的具体场所，有软环境和硬环境之分。软环境主要指校园文化、工作氛围等，硬环境主要指学生事务管理所依托的设备、仪器等。政策环境主要指有关高校学生事务管理的制度、政策的总和。

三、高校学生事务管理环境的营造

这里主要探讨高校学生事务管理的舆论环境和工作环境的营造。

(一)舆论环境的营造

在高校学生事务管理环境中,舆论环境是非常重要的一个组成部分,其与学生事务管理的发展方向紧密相关。因此,营造高校学生事务管理环境,首先就应当重视舆论环境的营造。

1. 高校舆论环境中的舆论主体

舆论就是指社会或社会群体对近期发生的为人们普遍关心的社会问题的共同意见。高校内部舆论环境以社会大环境和广义的校园文化内涵为客体,以全体师生员工为主体。这个主体又可以分为三类:高校行政管理人员、教学科研人员和在校大学生。

(1)高校行政管理人员

他们是学校规章制度制定、对外宣传、内部事务管理及突发事件处理的主要人员,他们能从行政管理和制度架构层面为舆论环境的稳定提供保障作用。制度的制定与实施决定了舆论环境中信息传达和反馈的内容与方式。

(2)教学科研人员

教学科研人员就是高校中从事教学科研活动的教职工。他们以努力提升大学的竞争力为重要职责,对大学中的生源质量、学科建设、学术氛围、发展水平、社会影响力等都发挥着他人难以替代的作用。他们常常走在学术前沿,因而常常带动着舆论导向,是重要的舆论主体,对高校舆论环境的性质和偏向有着直接的影响。

(3)在校大学生

在高校舆论环境中,在校大学生不只是舆论客体,受舆论环境的影响,其还是重要的舆论主体,会积极参与舆论环境的创造。具体来说,在校大学生主要通过以下三种形式来营造舆论环境:一是通过同学之间、师生之间的相互交流来表达和传递自己的想法和意见;二是经过选拔加入高校官方媒介如校报、校电视台、广播台、学生会等发表言论观点;三是通过校园网开博客、发论坛帖子等获取校内外信息,也传递自己的言论。这三个途径看似松散,却具有不可忽视的影响力。

2. 高校舆论端源及其管理

一般来说,正面的舆论环境对管理工作具有推动作用,非正面的舆论环境影响管理工作的展开,甚至阻碍日常的管理工作。因此,及时阻止非正面舆论的产生非常重要。

(1)高校舆论端源的特点

高校舆论端源有自身的独特性,与政治舆论、行业舆论、社会舆论不同,这主要表现在以下三个方面。

第一,相对独立性。由于高校舆论端源主要受行政人员、教工、大学生的影响,而这三者在高校管理体系中恰好分属不同的管理构件,其立场不同,价值判断也不同,因而高校舆论端源就有了明显的相对独立性,即线性发展,相互间的干扰影响作用没有其他舆论类型的强。

第二,去政治化。由于高校在社会中所处的特殊位置,其舆论端源与现实的政治因素距离较远,甚至因为教工、大学生深受国际学科交流影响,长期处于象牙塔环境中,致使舆论端源常常表现出超政治乃至超现实的终极人文关怀。所以,这又会加剧高校舆论端源的理想化、偏激化和简单化。

第三,不稳定性。高校舆论端源在大学之中,因而从一开始就具有群体特征。而大学群体思想普遍比较活跃、富于表达意欲,因而舆论发端期就会因为多方言论而发生变化。这就是它的不稳定性。

(2)高校舆论端源的管理

为了做好高校学生事务管理,必须做好舆论工作,而要做好舆论工作,就必须管理好舆论端源。具体来讲,管理好高校舆论端源需要注意以下几个方面。

第一,认识到高校舆论端源出现差别是很正常的一件事。行政管理人员、学生、教职工都有各自不同的思想、价值观、立场,所以,应当以一个宽容的态度对待各舆论主体及舆论端源,不管是对少数派的意见,还是主流意见,都不应当有歧视现象。

第二,合理引导舆论端源向好的方向发展。有些舆论主体的意见可能存在一定的危险,会产生一些不利的影响。此时,高校学生事务管理者就应当注意做好相应的督导工作,构建程序化的表达框架,引导舆论端源的正确发展方向。

第三,提升舆论主体的素质。高校的舆论端源往往有着较大的不可控性,很容易出现各方意见纷纷浮现,展开激烈争论的局面。如果舆论主体的素质较高,那么不会出什么大的问题,如果素质较低,那么事情就变得复杂多了。所以,提升舆论主体的素质,也是管理舆论端源的一个重要举措。

3. 优化高校舆论产品

所谓舆论产品,就是舆论信息的表达载体。之所以称为产品,主要是因为营造良好的学生事务管理环境是一个系统工程,就像一个生产线一样,各个环节都需要联系在一起。舆论产品就是营造高校学生事务管理舆论环境的基础物质。

在高校学生事务管理领域中,舆论产品的内容主要涉及价值取向、思想认识、行为选择和对未来发展的期望等几个方面。舆论产品的表现形式则主要有书籍、报纸、小册子、海报、会议、互联网等。其中,互联网快捷、高效,因而越来越成为最主流的方式,在舆论产品中地位很高。学校师生经常会通过 BBS、网络论坛、微博、博客、微信公众号等发表意见和看法。

(1)高校舆论产品的作用

从高校学生事务管理的视角来看,高校舆论产品的作用主要在于提供信息发布平台或传播渠道,及时让各种舆论端源转化为公共声音,进入公共空间,具体可从以下几个方面来理解。

第一,舆论产品提供了多元化的虚拟话语平台,可供行政人员、教工、大学生在上面发言讨论,交流经验、总结教训。

第二,从表面上看,舆论产品是适应舆论形成需要而产生的,是手段和本体的关系,但实际上,手段也往往影响本体,所以舆论产品也对舆论产生正面或负面的引导作用。例如,海报与网络播客有不同的形式,那么其传播、受众、效果也就相应的有所不同。从当前来看,网络播客是更好的形式,它的良好程度对舆论的内容也有着一定的影响。

第三,舆论产品的形式与民主议事氛围的好坏有较为密切的关系。舆论产品的形式越丰富,高校的民主议事氛围往往较好,校园软环境相对宽松、自由。此外,各种舆论产品还对议事具有一定的规范性要求,这非常有利于提高参与者进入公共生活的水平。

(2)高校舆论产品的管理

当前阶段下,随着舆论产品日益多元化、高科技化,高校要想营造良好的舆论环境,就应当不断适应形势变化,对舆论产品进行转型升级。具体来说,可从以下几个方面入手。

第一,不排斥各种舆论产品,尤其是新生产品,要宽容对待,尽可能地让它们为学校所用,让它们为教职工及学生传递学校的相关信息,包括管理方略、治校原则等。

第二,通过使用一些舆论产品来抢占舆论阵地。例如,部分高校专门开通了辅导员微博、学生管理公众号等,以学生喜闻乐见的方式吸引学生关注,让学生参与管理之中,推动高校学生事务管理的发展。

第三,更新舆论产品,使其与时俱进。目前,互联网已是这个时代最重要的舆论产品,依托互联网已经产生了各种信息交流媒体，所以高校要紧跟时代，不断发掘新的舆论产品。

4. 合理组织舆论议题

当今，很多人都认为互联网的舆论场、议题的设置能力才是最重要的舆论引导能力。确实，舆论议题的作用不容小觑，这在高校学生事务管理舆论环境中也是如此。舆论议题是掌控舆论环境的核心调控手段，学校通过扩大或收缩舆论议题，能够使相关管理活动更好地配套进行。舆论议题也是培育校内民主的关键技术手段，高校通过组织有价值的互动舆论议题，能够有效增强高校议事民主氛围，培养高素质人才。舆论议题还是激发进步动力的必要行政手段，与学校学生事务管理相关的舆论议题往往能催生进步的思想、有建设性的意见。

高校学生事务管理的舆论议题几乎包含学校生活的方方面面，如学生课外活动、学校的重大政策、学校中的一些服务性措施（如关于食堂的、水电的、图书馆的等），以及与学生利益密切相关的其他内容。高校要营造良好的舆论环境，就必须合理地组织和管理这些舆论议题。

合理组织舆论议题主要分以下几个步骤进行。

第一，采集。高校学生事务管理人员一旦发现多种舆论产品关注某个议题，就必须提高敏感度，及时整理、归纳、分析该议题的各项意见，并进行内容提炼。

第二，选题。对于之前采集的信息进行集中处理，同时充分考虑其对于学生事务管理的重要性，选出可以进一步加工的议题。

第三，策划。对选出的议题进行精心策划，并组织相关人员深入探讨议题。比如，聘请知名教授进行专业讲座，或者邀请舆论中主流意见的代表人物召开座谈会。

第四，推进。采用各种有效的手段推进舆论议题的探讨，同时计划好舆论议题的结束时间。

第五，总结。一个舆论议题的讨论结束后，要及时进行相关总结，必要时形成书面的总结报告，以便为校领导决策提供参考辅助。

（二）工作环境的营造

工作环境也是高校学生事务管理环境的重要组成部分，各项事务要想有效开展，没有工作环境为基础是不行的。营造良好的工作环境，能够帮助学生事务管理者缓解压力、增强合作，使他们的主观能动性和创造力得到最大限度的发挥。因此，高校必须注重营造良好的学生事务管理工作环境。尤其是要重视工作设计和人文环境的营造，它们是营造良好工作环境的关键。

1. 工作设计

工作设计是指在分析工作相关信息（如工作的内容、方法、环境条件、人员素质和工作负荷等）的基础上，研究如何开展工作更能实现人员、工作、环境的最佳配合，更能实现组织的目标。在高校学生事务管理中进行工作设计，主要是为了使工作环境更适应学生事务管理工作的实际需求。

（1）工作设计的主要内容

第一，工作轮换。组织内的成员长期从事同一职位的工作，特别是那些从事常规性工作的人员，时间长了会觉得工作很枯燥，缺乏变化和挑战。此外，很多人不希望自己只掌握一种工作技能，而是希望能够掌握更多不同的工作技能以提高对环境的适应能力。对于高校学生事务管理者来说也是如此。解决这两方面问题的一个很好的办法，就是工作轮换。工作轮换是指在高校学生事务管理组织中为学生事务管理者提供在各种不同工作岗位之间流动的机会。有效的工作轮换不仅能够给学生事务管理者带来工作的新鲜感和挑战性，减轻他们因为重复某一工作而造成的职业倦怠和厌烦情绪，还能够拓宽学生事务管理者的工作领域，让学生事务管理者获得更多的管理经验，从而增强工作的适应性。

第二，工作丰富化。工作丰富化指纵向上工作的深化，是工作内容和责任层次上的改变。对于高校学生事务管理者来说，高校就是要使他们承担更多的责任和任务，同时享有更大的自主权和控制权，以及拥有充分表现自己的机会。这种工作设计能够提高对学生事务管理者的激励水平，提高他们的工作效率和工作满意程度，降低他们的离职率和缺勤率，因为让他们承担更多的责任和任务，让他们拥有更多的自主权时，他们会有被重视的感觉，会受到激励而加倍努力工作。

第三，实施弹性工作制。弹性工作制是指在完成规定的工作任务或固定的工作时间长度的前提下，员工可以灵活地、自主地选择工作的具体时间安排，以代替统一、固定的上下班时间的制度。这种制度在很多企业中被执行。随着先进的管理理念在教育领域的渗透，这种制度也在高校中出现了。高校学生事务管理组织实行这种制度，能减少学生事务管理者的缺勤率、迟到率，增加他们工作的自主性和自由度，以及工作的满意度，同时大大提高他们的工作效率。高校辅导员就非常适合采用这种弹性工作制。在共同工作时间内，辅导员要与其他学校工作人员正常上班，而在弹性工作时间内，辅导员可以自由安排自己的时间，只要保证工作顺利有效地完成就好。

(2)工作设计的原则与技巧

工作设计应当遵循两个主要的原则：一是激励原则。这要求高校对学生事务管理者工作内容的挑战性、工作的意义和价值进行合理的评估，然后依据评估结果对学生事务管理者进行相应的激励政策，以便在较大程度上激励学生事务管理者，激发其工作的积极性和创造性。二是潜能开发原则。工作设计应当能够让学生事务管理者在新的挑战中工作，以便通过挑战使自己的潜能被开发出来。

工作设计也需要一定技巧，而细心观察和主动探测就是最重要的两个。

细心观察就是指高校的人事部门等应当创设条件，细心观察每个学生事务管理者对于各类岗位显示出的兴趣以及工作中的表现，从而根据学生事务管理者的兴趣和能力进行工作设计。之所以强调兴趣和表现，主要是这二者对学生事务管理者的工作态度和工作效率有着十分重要的影响。

主动探测就是指对那些平时不容易观察出其兴趣及能力的学生事务管理者，可以通过询问一些探测性的问题，调动其对工作设计的积极性。

2. 工作人文环境的营造

营造良好的高校学生事务管理工作环境，除了进行工作设计优化运行机制，还可以创建良好的组织文化，营造和谐有序的工作人文环境。工作人文环境的营造需要重点关注以下几个方面。

(1)实行人本管理

人本管理就是以人为本的管理制度和方式，而以人为本是科学发展观的核心。对于高校学生事务管理来说，其包含诸多要素，如人、财、物、环境、信息等，但人是最主要的因素，因为学生事务管理面对的主要就是人。在开展学生事务工作的过程中，贯彻以人为本思想，实行人本管理，充满人文情怀地面对学生，这样能营造出一种和谐的管理氛围，从而让管理者很好地管理学生，取得很好的管理效果。

具体来讲，高校要关注学生事务管理者和学生的生存状态，尊重他们的生命价值、人格尊严，开发其潜能，促进其全面发展；要提倡团队精神、钻研精神、工作热情等，建立融洽和谐的文化氛围。总之，要给学生事务管理者提供一个充分发展、展示个性并适应工作需要的宽松空间，公平民主，允许有不同意见。

(2)构建良好的人际关系

人际关系就是人与人在交往中建立的直接的心理上的联系。在一个组织中，人际关系是必不可少的一项内容，人际关系的好坏往往对组织和群体的发展有着巨大的影响。对于高校学生事务管理来说，人际关系的正确处理十分重要。高校学生事务管理者如果有良好的人际关系，往往能够营造一个民主公平、平等博爱、感情融洽的人际氛围，形成良好的学生事务管理工作的人文环境。因此，高校学生事务管理者要注意构建良好的人际关系。

构建良好的人际关系需要高校学生事务管理者自身努力学会和重视有效沟通，也需要高校建立有效的沟通联系机制，定期组织学生事务管理者举行座谈会、联谊会、茶话会等活动，并利用网络搭建沟通交流的开放平台。

(3)营造良好的团队精神

高校要想营造良好的团队精神，就应当注意将学生事务管理者的价值取向和人生观念渗透到办学理念和教育管理理念中，给学生事务管理者提供一种安全感、归属感，从而让其产生对学校、对学生事务管理工作的热爱之情，产生强烈的责任感。

(4)构建并运用激励机制

营造良好的工作人文环境，建立健全激励机制并合理运用也是一项重要的举措。在高校学生事务管理中，建立和运用激励机制要注意以下几个方面。

第一，以最大限度地调动学生事务管理者的积极性为核心。这就需要实施激励的人员注意把握学生事务管理者的需求，有针对性地进行激励工作。

第二，重视公平性。美国行为学家斯塔西·亚当斯提出的公平理论认为，人的工作积极性不仅与个人实际报酬的多少有关，而且与人们对报酬的分配是否感到公平有更为密切的关系。在工作中，人们会自觉不自觉地将自己付出及得到的报酬与别人进行比较，并判断是否公平，当发现自己的付出及报酬与别人差不多时，就觉得是正常的、公平的；否则，就会产生不公平感，就会怨气横生，失去工作的积极性。因此，高校面对学生事务管理者，要注重激励机制中的公平原则，要科学地评估学生事务管理者的工作绩效和努力程度，从而进行公正合理的激励。

第三，有机结合物质激励和精神激励。激励常常分为物质激励和精神激励，二者是相辅相成的。精神激励需要借助一定的物质载体，而物质激励也包含一定的精神内容。高校学生事务管理者属于知识分子，对于他们来说，精神需求往往高于物质需求，所以精神激励不可缺少。不过，精神激励不能与物质激励长时间脱离开来，因为那样既会降低物质刺激的作用，也会削弱精神激励的作用。所以，高校在对学生事务管理者进行物质激励的同时，也要重视精神激励，如经常表扬和肯定他们，根据他们的成就给他们升职、出国提升的奖励等。

第三节 高校学生事务管理制度的制定与实施

制度常常是以明确的要求和严格的约束条件规范着学生及学生事务管理者的行为，具有程序性和强制性，是达成学生事务管理工作目标过程中必须遵守的行为规范。加强高校学生事务管理制度的制定与实施是有效开展高校学生事务管理工作的重要保障，也是提高高校学生事务管理水平的关键性措施。所以，高校一定要对此高度重视。

一、高校学生事务管理制度的分类

高校学生事务管理制度根据不同的标准可以分为不同的类型。

(一)根据学生事务管理领域分类

以学生事务管理领域为依据，高校学生事务管理制度可分为以下几种。

(1)组织建设类管理制度。其包括学生事务管理组织相关的管理制度和学生党、团、学组织相关的管理制度。前者如《普通高等学校辅导员队伍建设规定》,后者如发展学生党员相关规定、团员推优细则、学生会组织章程等。

(2)思想教育类管理制度。这是指学生思想教育工作相关的各项管理制度,主要包括“两课”教学相关管理制度、形势与政策课程相关管理制度以及日常德育工作相关管理制度等,如《中共中央宣传部、教育部关于进一步加强和改进大学生思想政治教育的意见》《中共中央宣传部、教育部关于进一步加强高等学校学生形势与政策教育的通知》等。

(3)日常管理类管理制度。这是指对大学生日常学习、生活实施管理所依据的各项管理制度,如《普通高等学校学生管理规定》《高等学校校园秩序管理若干规定》等。

(4)就业工作类管理制度。这是指与高校就业指导、管理与服务工作相关的各项管理制度,如就业指导课相关管理规定、高校就业派遣和就业推荐制度等。

(5)心理健康教育类管理制度。这是指开展心理健康教育、咨询与辅导,进行心理健康状况筛查和危机干预等相关工作的管理制度,如《关于加强普通高等学校大学生心理健康教育工作的意见》《普通高等学校大学生心理健康教育工作实施纲要(试行)》等。

(二)根据管理制度的性质分类

以管理制度的性质为依据,高校学生事务管理制度可分为政策性学生事务管理制度和规范性学生事务管理制度。

(1)政策性学生事务管理制度。这种制度主要以指导性、意见性内容为主,往往用相对抽象的语言指出相应管理工作所应达到的目标以及所应采取的方法和路径。其一般以“政策”“意见”“通知”等词汇命名,如《中共中央、国务院关于进一步加强和改进大学生思想政治教育的意见》《教育部、卫生部、共青团中央关于进一步加强和改进大学生心理健康教育的意见》等。

(2)规范性学生事务管理制度。这种制度是以规范性内容为主的管理制度，其往往赋予相应管理对象以明确而具体的权利和义务，一般以“法”“规定”“办法”“细则”等词汇命名，如《中华人民共和国高等教育法》《普通高等学校学生管理规定》等。

需要注意的是，在某些时候，基于学生事务管理工作的需要，会出现一个学生事务管理制度包含多方面管理内容或多个学生事务管理制度在管理内容上有所交叉的现象，所以对于规范性学生事务管理制度和政策性学生事务管理制度的分类也并不是绝对的。

二、高校学生事务管理制度的制定

（一）学生事务管理制度的起草

在制定学生事务管理制度时，首先要面对的就是起草工作。起草工作是有组织、有步骤的管理活动，首先应确定学生事务管理制度文件的内容意向，即管理制度的现实需求是什么，需要怎样的制度与之相配套。这些意向的来源可以是学生工作中的现实问题，也可以是即将需要规范调整的程序流程的技术问题等。

确定制度意向之后的关键性阶段是规范性文件的可行性论证，此时需要建立与工作情况相适应的文件起草组织，小组的成员应当具有代表性，并且鼓励学生参与学生事务管理制度的起草和制定过程，可行性的论证过程需要小组成员在认真研究学生事务管理的基础上，提出需要解决的主要问题、可能采取的措施、需要进行调研的问题。在调研工作完成后，小组成员应及时进行研讨，以确定拟立之规范在整个学生事务管理体系中的位置，其主要解决的问题和可能采取的措施，可能建立的主要制度，制定规范性文件的基本思路。

确定可行性之后是起草阶段的主体部分，这部分的主要内容是建立规范性文件的主要框架，使主要制度条款成型，并在此前提下将内容全面化，确定草案的内容；此后便是文件排列逻辑的梳理、条款内容的合并加减等文字的斟酌和草案排版的技术性处理；最后便是进行全面的审查，从而最终形成规范性文件的草案。

为了草案的规范与科学，在制度文件的起草阶段，一定要注意做到起草小组人员全面且相对稳定；起草过程应及时有序，按一定的规划进行。

(二)学生事务管理制度的完善

在具体制定学生事务管理制度的过程中，为了完善管理制度的相关规定，以下四点问题需要尤其注意。

第一，学生事务管理制度的规范性问题。形式和内容的规范性是制定学生事务管理文件首先应注意的问题。作为约束或指导学生事务管理者及广大学生行为的文件，自身的规范性是学生事务管理文件固有的内在需要和其产生效力的重要前提。形式上的规范主要指保持学生事务管理文件形式的规范：文件应当采取固定的结构层次和格式，如一般的规范性管理文件由目的、基本原则、权利和义务、行使权力和义务的基本步骤、附则等构成；制度文件中的语言应简练、规范，使用书面语言来描述，杜绝口语化现象，如果需要使用专业术语，就一定要用专业术语，不能为了通俗易懂而用不专业的词语代替。内容上的规范主要指保持学生事务管理文件内容的逻辑严明，前后不矛盾；有科学的依据以及不违反上位管理文件的规定；谨慎处理各方关系，做好充分调研，不得随意对所规范对象的权利和义务做出规范，也就是说不能超越制定权限。

第二，学生事务管理制度的可行性问题。高校制定学生事务管理制度是想让其发挥应有的作用，所以，制度必须具有可操作性，便于执行。具体来说，首先，制度内容应当简明、准确、具体，避免空话、套话。否则，规范对象不容易理解，就更不用提积极执行了。其次，文件规定或指导性意见应当符合实际，包括学校的实际情况，学生和管理者的实际情况。总之，杜绝一切不合实际的要求或指导性意见。

第三，学生事务管理制度的动态性问题。高校学生事务管理制度一般来说是具有一定的稳定性的，如果常常变更的话，不利于执行，也不利于制度真正作用的发挥。但是，这并不意味着制度一经制定就完全不能改变。随着时代的不断变迁和社会中其他一些相关因素的变化，社会对高校学生事务管理会提出新的要求，高校学生事务管理也会面临一些新的形势、政策等，一些制度必然会出现不适用的情况，此时就一定要做出相应的调整，以使制度符合现实发展。另外，就高校自身来说，不同时期、不同阶段的学校、学生、管理者往往会有不同的特点，这就使规章制度也要相应地发生变化。这就是说高校学生事务管理制度的制定要遵循动态性原则。贯彻这一原则时，要尽可能用动态的眼光来提出相关要求和指导性意见。

第四，学生事务管理制度的追溯力问题。法律的追溯力是法学中经常谈论的一个话题，是指法律颁布实施后对其颁布实施前的人或者事是否有效力。如果有追溯力的话，违背了法律的公平正义原则，所以不得制定有追溯力的法律。回到学生事务管理制度上，某项学生事务管理制度必须待其正式公布实施后方可适用。某些特定情况下，其真正意义上得以适用的日期可能远滞后于其公布实施的日期。所以，也不应当制定有追溯力的学生事务管理制度。

三、高校学生事务管理制度的实施

高校不仅要加强学生事务管理制度的建设，还应当注意采用恰当的方式方法将之贯彻实施。只有将制度运用于实践，其才能发挥真正的作用。因此，高校学生事务管理制度的实施极为重要，它直接影响着学生事务管理的质量与效果。

（一）政策性学生事务管理制度的实施

高校在实施政策性学生事务管理制度时，应注意通过以下一系列重要举措来更好地达到实施的目的。

1．开展文件宣讲

高校政策性学生事务管理制度要想得到很好的实施，首先应当让适用对象对制度内容和制度精神有充分的认识和理解。这就需要高校积极开展文件宣讲。宣讲的主要方式：举办专题培训班或研讨班；组织多种多样的学习专题会、报告会、座谈会；运用报刊、电视、广播、网络等媒体开辟专栏、专题活动，全面宣传新制度的主要内容、出台背景、过程、重要意义等。

2．制订可行方案

为了保证政策性学生事务管理制度中的指导性意见能够得到无障碍的执行，高校还应注重制订具有可操作性的方案，在方案的指导下稳步实施。在制订方案时，首先要注意分解任务目标；其次要注意制订具体方法；最后要注意推敲相关细节。

3．做好绩效评估

实施政策性学生事务管理制度应当做好绩效评估工作，这是增强实施效果的一项重要措施。同时，它也是日后进一步改进工作、以更好地实施其他政策性学生事务管理制度的重要参考。

绩效评估的方法既有客观的评估方法，也有主观的评估方法。

客观的评估方法其实就是量化的评估方法，其主要通过对实施制度所采取的措施进行数据统计和对比分析，得出评估结果。这种评估方法更适用于以管理和服务为主要实施目的的政策性学生事务管理制度。

主观的评估方法其实就是定性的评估方法，其主要通过个别访谈与问卷调查对实施制度所采取的措施进行评估，得出评估结果。这种评估方法更适用于以教育为主要实施目的的政策性学生事务管理制度。

(二)规范性学生事务管理制度的实施

规范性学生事务管理制度的实施与法律的适用过程有点类似,实施时一般按照以下几个环节进行。

1. 明确实施主体

这是实施规范性学生事务管理制度的第一件事,主要任务就是明确制度中的某项规范性管理文件到底由什么主体加以执行。一般来说,规范性学生事务管理制度的实施主体有多个,如高校学生处、就业指导中心、团委、院(系)学生工作部等。当然,在一些情况下,班级学生干部也是规范性学生事务管理制度的实施主体。上述主体一般通过解释规则、实施管理、接受申请、组织推选评定等来执行制度。

2. 明确实施程序

实施规范性学生事务管理制度应当按照一定的程序来进行,以避免混乱的过程影响实施效果。这就需要高校在明确实施主体的情况下,先确定好学生事务管理制度实施的程序。这里所说的程序并不是固定的、统一的,应当根据不同的制度灵活确定。有些学生事务管理程序已有明确的上位规定,那么就要严格按照该上位规定的程序来实施,如党、团组织建设的相关规定,须严格按照党章、团章及相关管理规定加以实施;有些学生事务管理程序并没有明确的上位规定,但在实践中已经形成约定俗成的做法,如奖助学金评定程序按约定俗成的做法实施就好;有些学生事务管理程序不明确,还正在摸索阶段,那么根据实际情况确定科学合理的实施程序即可。

3. 做好制度文件的公示工作

规范性学生事务管理制度只有在正式公布实施以后才能适用,因此,实施的前提就是公示。公示的目的主要是让所规范的对象对制度内容有较为清晰的认识和较为深刻的理解。毕竟只有在真正理解的基础上，个体才会在日常生活中自觉地约束自己的行为，按规定做事。做好制度文件的公示工作，高校需要做到以下三点。

(1)搭建公示平台。这是指通过多种有效途径，如公告、校园网、班团组织等为规范性学生事务管理制度搭建公示平台，促使其在计划的时间内公开，让大家都知道。

(2)进行文件汇编。为了让所适用对象更系统、更方便地学习和理解制度内容，高校应汇编各种学生事务管理规章制度，制成小册子，发放下去。比如，很多大学都是在新生入学的时候，向他们发放学生手册。

(3)开展相关学习。为了让适用对象以更快的速度了解和掌握规范性学生事务管理制度，高校可以积极组织适用对象参加诸如规章制度主题学习班会、规章制度知识竞赛等活动，促使他们学习。

在实施高校学生事务管理制度的过程中，管理者还应高度重视以下几个方面。

第一，宽严结合。在学生事务管理制度的实施过程中，管理者要注意既不能简单地用行政命令来强制执行，也不能仅依靠自觉性而放任自流，而要做到宽严结合。首先应做到有法必依、严格执行，从而充分体现规章制度的严肃性与约束力。当然，也不能过于严格，阻碍大学生的发展。

第二，奖惩严明。在学校中，适当的奖惩往往能够引导学生的思想，约束学生的行为，促进学生的健康成长，因此，在实施学生事务管理制度时，管理者也要注意合理使用奖惩手段，并且奖惩一定要严明。也就是说，对于那些很好地执行制度的学生要及时给予一定的奖励，树立典型，从而发挥以点带面的作用；而对于那些违反制度者，则要给予必要的处罚，从而保证规章制度的严肃性。

第三，自觉行动与检查监督充分结合。大学生基本都已成人，所以执行制度应当是一种自觉的行为。但是大学生的心理发展趋于成熟但还未完全成熟，自制力还不是很强，所以，制度的执行还不能完全依赖大学生的自觉性，还应当有必要的检查与监督。只有将两者充分结合起来，才会收到更好的效果。

第四节 高校学生事务管理绩效激励的实施

在高校学生事务管理中，绩效激励也是非常重要的一个组成部分。科学合理的绩效激励不仅能够提高学生事务管理者的绩效，开发他们的潜能，而且能使高校的管理效率得到很大提升。

一、高校学生事务管理绩效激励概述

激励（motivation）一词最早来源于拉丁文字"movere"，其原意是采取行动的意思。这其实是一个心理学术语，指的是激发人员动机的过程。把激励这一概念用于管理活动就是通常所说的调动积极性的问题。正如有学者所指出的，激励就是"激发他人动机，使人有一股内在的动力，朝着所期望的目标前进的心理活动过程"①。

高校学生事务管理绩效激励，是指对高校学生事务管理者获得的管理成效进行的激励，旨在增强他们的积极性、主动性、创造性，激发他们的工作热情、工作潜能，继而提高他们的工作水平和工作质量。讲激励，就得从需要讲起，因为任何动机的产生或形成都离不开某类需要的缺乏或某种不满足感。对于高校学生事务管理绩效激励来说，要想有效地激发学生事务管理者的动机，就必须了解他们有什么需求。

对于高校学生事务管理者来说，自主、尊重、胜任工作、对工

① 潘秋友.论企业激励制度设计的理论与实践思考[J].中国石油和化工，2009(7).

作条件的满意程度、取得成就等，都是十分重要的高层次需要。对于他们来说，这些需要中很难说哪一种更重要，也就是说很难在这些需要中找到一种层次序列。在实际中，更多的情况是在某些场合自主的需要更强烈些，而在另一种场合，胜任工作的需要更强烈些。有时工作条件的需要占优势，有时取得成就和财富的需要可能更迫切。高校的领导者在激发学生事务管理者的动机时不能忽视他们的各种需要及其特点。各种需要的强烈程度不同，各种需要的指向也就不相同。总之，在需要得到满足时，他们的努力动机就更强烈。

高校学生事务管理绩效激励其实是一种综合性的激励，包括对高校学生事务管理者努力过程、能力过程和自我认知过程的激励等。实现激励的方式有外在性奖酬，也有内在性奖酬。外在性奖酬主要是指对于高校学生事务管理者获得绩效的锦标型激励，如现在实行的各种荣誉称号的授予、各类国内外进修机会的获得、对某一重大社会活动的参与选拔等。内在性奖酬是指对于高校学生事务管理者获得绩效的精神型激励，主要体现在高校学生事务管理者完成了富有挑战性的困难目标后所获得的自我成就感、由环境所营造的舒适度、充分授权后所获得的责任感等，如对学生学习与生活条件的重大改善、良好的组织文化环境的创设、鼓励组建各种学生团体等。由于高校学生事务管理者动机具有差异性，实行这两类奖酬必要且重要。

显然，高校学生事务管理绩效激励充分考虑到了高校学生事务管理者与学生需求的多样性、能力发展的多样性、满足方式的多样性，能够切实促进他们的发展。这也就对高校学生事务管理效果的提升起到了重要作用。

二、高校学生事务管理绩效激励的意义

（一）协调组织目标和个人目标

在学生事务管理工作中，组织目标与个人目标之间往往既存

在一致性，又可能会产生冲突。由于利益分配不均而导致组织的目标与管理者个人目标产生不一致甚至是相悖的现象屡见不鲜。在这种情况下，高校就要采取一些较为合理的激励措施，尽可能地将组织目标和员工的个人目标协调一致。绩效激励就是按照绩效考核的结果来进行激励，激励的方式有多种，可以在适当的范围内帮助和支持学生事务管理者去实现自己的个人目标。这不但可以更好地激发他们的工作积极性，而且能够提高他们对组织的忠诚度和归属感，组织目标和个人目标自然就能协调一致了。

（二）形成良性竞争环境

科学合理的绩效激励大多包含着一种竞争精神。尤其是相关的绩效激励制度可以在学生事务管理组织内部创造出一种良性的竞争环境，形成良性的竞争机制。在具有这种良性竞争机制的组织中，学生事务管理者可以明确地感受到周围环境的压力，并不得不把压力转变为努力工作的动力。

（三）促进学生事务管理者的个人成长

当前阶段下，高校学生事务管理者一般都十分希望得到他人给予自己工作方面的肯定，都有着自己的个人发展理想。在现实生活中，我们时常可以注意到这样一种现象：有些企业，或许在薪酬、福利、待遇等方面并不是同行业内最高的，但往往比那些更高薪酬待遇水平的同行企业更能吸引和留住人才。之所以会出现这种现象，其根本原因就在于这些企业的员工激励模式更有利于员工个人的成长。显然，高校实施学生事务管理绩效激励，尤其是以满足个体成长需要为目标时，确实能促进学生事务管理者的个人成长。

三、高校学生事务管理的绩效考核

绩效考核是绩效激励的前提，只有在获得了一定的绩效考核结果后，才可能进行相应的绩效激励工作。高校学生事务管理绩效考核是一项复杂的系统工程，需要按照以下几个基本步骤进行。

(一)绩效考核准备

1. 确定绩效考核目标

绩效考核目标是绩效考核的指南针，它影响着考核的实施过程、实施对象、考评标准及结果的运用。因此，确定绩效考核目标是考核中的第一件事。一般来说，目标要依据高校发展的宏观目标，以及学生事务管理的具体目标和要求来确定。确定好总的目标后还应当分解目标，通过目标的层级设置，将具体目标与考核对象的个人绩效有机地结合起来。

2. 确定绩效考核主体

绩效考核主体对绩效考核结果有着很大的影响。因此，选好绩效考核主体也是很重要的。在选择考核主体时，不但要考虑考核主体能否对考核对象进行全方位的考察，还必须要考虑到考核主体是否有个人偏见。为了考核的全面、客观、科学，考核主体应尽量多元化。具体来说，上级领导、同事、团队成员、服务对象等都可以作为绩效考核的主体。

3. 成立考核领导小组

在考核前，学校主管部门应召开专门会议，成立考核领导小组，由各职能部门负责人担任考核领导小组长、各院(系)分管学生事务管理的党委(党总支)副书记担任组员，并由学生工作部(学生处)负责统筹协调各项考核工作的开展。

4. 收集绩效考核信息

在实施绩效考核之前，必须有组织地、系统地收集有关学生事务管理者绩效方面的信息。这是实施客观公正的绩效考核的必要前提。在收集绩效信息的过程中，收集人员要深入到学生事务管理者的实际工作中，与之进行深入的沟通，广泛听取其对绩效考评内容、方法、实施过程等方面的意见。与此同时，要使用适宜的绩效信息收集方法（如文献查阅法、访谈法、观察法、数量统计法等），以便完善考核体系。

5. 制订绩效考核指标

绩效考核指标是实施考核的依据，其主要反映了考核的“内容”问题。在构建学生事务管理绩效考核指标时，要充分考虑学生事务管理工作的特殊性和规律性，同时充分考虑各个指标的选择和相互间的整合。要想使考核指标科学合理，遵循以下几个原则是非常必要的：一是定量指标和定性指标相结合原则；二是结果指标和过程指标相结合原则；三是全面性和精简性相结合原则；四是可测性和潜在性相结合原则。

由于学生事务管理工作有其特殊性，目前人们一般从学生事务管理工作主题的角度和对学生事务管理者要求的角度对考核指标进行分类。从前一个角度出发主要分为思想政治教育、危机事件处理、日常事务管理、学生组织建设、学生经济资助、心理健康教育、就业工作、学生工作研究等指标；从后一个角度出发主要分为基本素质（政治思想素质、道德修养素质、专业文化素质、心理素质等）、业务能力（语言表达能力、组织能力、沟通协调能力、研究能力等）、工作表现、工作业绩等指标。

6. 设定绩效考评标准

绩效考核标准是指在各个指标上应该分别达到什么样的水平。这就涉及指标权重问题。指标权重一般依据指标的重要程度和考核对象，以及专家或者权重确定的方式来设定。设定的时候，注意对考核要点进行具体细化和科学量化，还要充分考虑其是否有利于高等教育人才培养目标的实现，是否有利于高校教育事业的发展，是否有利于学生的健康成长和全面发展；是否有利于学生事务管理队伍的可持续发展。

7. 选择绩效考核方法

好的绩效考核方法能够使考核者以最客观的意见进行绩效考核，对考核对象个体的行为差异做出较为科学的判别。不同的考核方法有不同的目的性和倾向性，产生的效果也不一样。所以，一定要选择合适的考核方法，具体来说，应在充分考虑考核目的、对象、主体、标准、周期等要素的基础上进行选择。

（二）绩效考核实施

在高校学生事务管理绩效考核准备工作完成后，就进入绩效考核的正式实施阶段了。在考核实施的过程中，考核者应注意做好以下几个方面的工作。

第一，进行考核的宣传动员。学生事务管理的考核评估涉及的人多、部门广，因此，应充分利用多种媒体，对考核的目的、方法和要求进行广泛宣传，使各相关人员认识到考核的重要性和必要性，统一思想认识，使各项考核工作得以顺利开展。

第二，做好身份认证和考核纪律等方面的工作。这主要是为了避免一些考核对象找他人代替自己接受考核，或者是在考核时凭借不正当手段给予考核对象不公正考核的现象。

第三，严格按照考核方法进行考核。为使考核更加有效和省时，学生事务管理的绩效考核一般应安排专人负责跟踪监督管理，严格按考核方案和方法进行考核，以保证各考核环节的公正。

第四，做好绩效考核的审核工作。从整体上来看，绩效考核时需要填写考核表，考核表填好后，要进行相应的审核，审核过的表需要考核小组负责人签字；审核不过的表，应及时采取合理的处理办法。

第五，绩效考核结束后，应当封存相应考核表和考核数据，方便之后的查询或核对等。

(三)绩效考核反馈

绩效考核反馈就是考核者将考核结果告诉考核对象,并与其进行沟通的过程。这一过程是双向的互动的过程。可以说,反馈就是给考核者和考核对象架起了一座沟通的桥梁,有利于考核对象了解自己的优缺点,创造和谐的团队氛围,实现高校学生事务管理的共同目标。

当前,绩效考核反馈一般通过奖惩、语言沟通以及暗示等方式进行。奖惩方式主要通过酬薪调整、加扣奖金、提升等形式对被考核者进行反馈,它的激励强度最大。语言沟通是指考核人通过口头或书面的形式将绩效考核结果反馈给被考核者,指出其在考核中的优缺点,语言沟通的激励强度相对较弱。而暗示方式是指通过间接的形式对被考核者的绩效进行肯定或否定,这种方式可以保护被考核者的自尊心,但也容易被忽略,因而激励效果是最弱的。

绩效考核反馈是双向的互动过程,因此,反馈者在思想上要高度重视,认真做好沟通前的准备工作,了解学生事务管理工作的特点和规律,熟悉学生事务管理绩效考核的依据,做到以事实为依据进行解释,在解释的过程中要摆正自己的心态,坦诚沟通,积极倾听考核对象的意见和说明,并针对他们的意见进行沟通交流,切实帮助学生事务管理者发现问题,从而便于后续工作的改进。

四、高校学生事务管理绩效激励实施的措施、原则

高校学生事务管理绩效激励其实就是绩效考核结果的应用。为了提高高校学生事务管理者的积极性和主动性,激发他们的工作潜能和工作热情。高校应采取合理的绩效激励措施进行激励。通常情况下,采用三种措施:一是将绩效考核结果与高校学生事

务管理者的薪酬奖金联系起来进行激励，公正、合理的薪酬会对学生事务管理者产生较大的激励作用，增加他们的工作积极性。二是将绩效考核结果作为高校学生事务管理者岗位调整和晋升的重要依据，绩效考核中表现优秀的高校学生事务管理者应当获得晋升的机会。三是将绩效考核结果与高校学生事务管理者的专业技术职务评聘联系起来。职称评聘是提高学生事务管理者对于所从事职业的认同感。高校可以增加绩效考核结果在学生事务管理者职称评聘中的比重，绩效高低直接影响职称的评聘。

在实施高校学生事务管理绩效激励时，为了发挥其真正的作用，应当遵循下面三方面原则。

(1)针对性原则。需要的特点、性质，需要与行为关系的复杂性，要求高校在实施绩效激励之前必须了解学生事务管理者需要的类型和需要的结构。实践证明，同样的激励措施对不同的人有不同效果，其原因就在于不同的人有不同的需要。激励措施有针对性就能收到事半功倍的效果。

(2)合理性原则。首先，绩效激励应当根据需要的不同类型采用合理的措施，进行合理的处理，合理的需要应该合理地满足；其次，绩效激励的程度要合理，"奖罚分明"，使奖和罚都能收到更好的激励效果。

(3)教育性原则。随着人的文化层次的提高，人的需要也越来越向着高层次发展。因此，绩效激励也可以从教育入手，通过改变学生事务管理者的需要结构达到激励的目的。这就要求高校在激励过程中既要注意解决学生事务管理者的实际问题，满足他们的实际需要，也要通过教育提高他们的需要层次。

第五节　高校学生事务管理体系的优化

高校学生事务管理体系是与高校学生事务管理的运行保障密切相关的大学生学习资助体系、心理援助体系和就业服务体系。这三大体系对高校学生事务管理有着重要的作用，因而必须加以重视并努力进行优化。

一、大学生学习资助体系的优化

随着社会经济水平的不断提升，我国在教育上的投资越来越大，不过，自高等教育推行成本分担机制以来，高校中的贫困生群体及其问题就很突出，受到了社会的普遍关注。为了使贫困大学生也能公平地享有接受高等教育的机会，维护和促进高校的稳定、社会的和谐，高校普遍构建了一套学习资助体系，即“奖（奖学金）、贷（助学贷款）、助（助学金）、勤（勤工俭学）、补（困难补助）、免（学费减免）”资助体系。这一体系在高等教育的发展中具有相当大的现实意义，它能够在很大程度上解决高校贫困生问题，实现教育机会均等的理想诉求；有力地调节人才供求与流向；帮助学生实现自身价值；促进和谐社会的构建。不过，由于受到各方面因素的影响，大学生学习资助体系也存在资助费用的来源有限、资助幅度不大、涉及面不广、资助标准和制度不规范、资助的有效性不高等问题。因此，我国应多借鉴他国的经验，并结合我国的实际情况，采取更加有效的措施来保证高校的贫困生顺利完成学业。以下就是优化大学生学习资助体系的几个有效策略。

（一）完善奖、助学金的设立

奖、助学金对大学生来说是非常好的资助方式。因此，我国政府应联合相关部门及学校设立多种形式的奖学金、助学金，以便于最大限度地发挥它们的资助效用。奖学金根据不同的资金来源可以分为政府奖学金、行业奖学金、企业奖学金和个人奖学金。一般来说，那些品学兼优、刻苦学习的学生可以颁发政府奖学金；那些有意向到艰苦行业和地区工作的毕业生可以发放行业奖学金和企业奖学金；至于个人奖学金可按照设奖者的意愿来决定给谁颁发，学校注意引导即可。英国是世界上向本国大学生提供资助最多的国家之一,90%的学生,97%的本科生都能享受到奖学金。可见,奖学金的覆盖面比较大。我国高校也应想方设法加大奖学金的力度。助学金主要是资助那些家庭经济困难的学生完成学业。因此,它的受众面不宜过大,金额不宜过多。此外,在助学金的实施过程中,要注意公开透明,对于资助学生的经济情况要进行综合考察,以便将助学金真正用在确实有困难的学生身上。同时,注意根据实际情况及时调整相关的困难与资助标准。

(二)构建完善的学生助学贷款系统

国家助学贷款是解决大学生贫困行之有效的举措,应充分发挥国家助学金的奖励资助功效,加大对贫困生的资助力度,不断完善助学贷款制度。20 世纪 80 年代末,由于经济不景气,英国对奖学金制度进行了改革,在奖学金之外实行贷款制度。贷款大都是补贴性的,利息由国家支付。在社会主义市场经济条件下,我国也采取助学贷款措施,利用金融手段完善我国普通高校资助政策体系,加大对普通高校贫困家庭学生的资助力度。2015 年 7 月 20 日,教育部等部门联合发布了《关于完善国家助学贷款政策的若干意见》。该文件表示,为切实减轻借款学生的经济负担,将贷款最长期限从 14 年延长至 20 年,还本宽限期从 2 年延长至 3 年整,学生在读期间贷款利息由财政全额补贴。这就从制度层面解决了助学贷款面临的突出问题。

为了完善学生助学贷款体系,我国还应建立、完善学生贷款管理机构。国外往往没有规定统一的模式,但以下两种情况较多:一是成立自治的公立机构,管理学生贷款,如英国就有这样的机构,其贷款基金主要来自政府的预算和拨款,但之后会建立自己的周转基金,财政和管理是独立的。二是利用现有的公、私立银行来管理学生贷款。在我国,还没有专门的学生贷款管理机构,一般由学校负责发放和催还贷款等全部管理工作。所以,为了提高学生贷款管理的有效性,可建立完整的从中央到地方、全国联网的学生贷款管理机构。

当然，确定一套完善的申请程序和增强学生的贷款意识和还款意识也很有必要。我国现行的国家助学贷款的申请流程为：学生提出申请—学校机构进行贷款初审—经办银行进行贷款审批—与学生签订借款合同—贷款的发放—贷款的偿还。为了完善学生助学贷款系统，我国应当注重根据实际国情，及时更新和完善助学贷款的申请程序以及相应的表格。从我国当前的情况来看，申请助学贷款的大学生人数明显低于有实际需要的大学生人数，这主要是因为贷款意识不强，觉得贷款是一件不光彩的事情。所以，高校应当注重通过相关的教育和咨询，引导学生对助学贷款有一个正确的认识，增强他们的贷款意识和还款意识，增强他们的责任感。

需要注意的是，为了促进高校助学贷款市场的形成及其良性运作，建立完善的助学贷款信用制度非常必要。它不仅能够保障助学贷款的顺利进行，也能够强有力地约束个人的借款行为。而在落实高校助学贷款时要对申请人进行严格的审查，对申请人进行日常生活观察、家访等，主动帮助性格内向又需要帮助的学生，并适当安排受助者参加义务劳动，以促进助学贷款的顺利进行。

（三）加大勤工助学岗位的覆盖范围

勤工助学也是解决大学生贫困的重要举措。它主要是指学生在学校的组织下利用课余时间，通过勤奋劳动获得合法报酬，从而改善学习和生活条件。其不仅能够在一定程度上改变学生“等、靠、要”的思想观念，还能增强他们的毅力，锻炼他们的能力，促进他们的全面发展。因此，高校学生事务管理部门应极力倡导这种助学形式，并设法加大勤工助学岗位的覆盖范围。

勤工助学可以有校内的也可以有校外的。校内勤工助学岗位设置可以以校内助教、助研、助管、实验室、图书馆、食堂、校办产业等为主；校外勤工助学需要大学生与校外用人主体达成协议，由用人主体提供相应的劳务，学校可充分利用社会各界的各种资源和资金，为大学生提供勤工助学的机会。

(四)落实学费减免政策

国家对公办全日制普通高校中部分确实因为经济困难而难以缴纳学费的学生，实行减免学费政策。对于那些在校月收入(包括各种奖学金和各种补贴)已低于学校所在地区居民的平均最低生活水准线，学习和生活都受到经济影响的学生，免收全部学费。对于这一政策，高校学生部门应当协助相关部门积极落实，让那些真正需要的学生切实受益。

(五)重视对贫困生的精神援助

政府和高校在加大对贫困生经济资助力度的同时还要高度重视对贫困生的精神援助，应对其加强教育，使贫困生正确认识社会、集体以及个人之间的关系，鼓励贫困生参与学校各类社团的管理，在参与和管理社团的过程中提高贫困生的归属感、使命感和责任感。有关贫困生资助机构及管理人员要树立“以学生为本”的管理理念，增强服务意识，不仅要做好对贫困生经济上的援助，更应关注贫困生心理和精神上的需求，加强贫困生的心理健康教育。这就要求学校各部门应做好协调工作，切实做好贫困生的帮扶工作。

二、大学生心理援助体系的优化

大学生生理发展已经基本成熟，只是心理发展正趋于成熟但还未成熟。很多学生面对新的学习环境和新的人际关系，以及新的学习方式和生活方式，很容易产生各种各样的心理问题。一般的心理问题通过大学生的自身调适就能解决，但是一些较为严重的心理问题，大学生往往很难解决，如果没有得到援助，很容易使自己陷入危险的境地。因此，近年来，高校学生心理援助越来越受到人们的重视。

心理援助与心理危机干预的内涵有点相似，主要是指心理援助人员利用一定的心理学原理和技术，防止个体心理疾病的产生和危机事件的发生，帮助已经出现心理危机的个体恢复心理平衡，安全度过危机的过程。它可以帮助大学生提高心理健康意识、预防心理问题的发生、减少大学生心理障碍的产生、预防大学生精神疾病的发生；可以帮助大学生掌握心理健康方面的知识和心理活动规律，提高心理素质。我国高校学生心理援助的发展历程主要由心理咨询来体现。与国外学生心理咨询相比，我国高校学生心理咨询工作起步较晚，20 世纪 80 年代中期才开始。到 21 世纪时，全国高校心理咨询机构陆续建立、健全，大学生心理咨询工作受到了教育部和高校各级领导的重视和肯定。

作为高校学生事务管理体系中的一个重要组成部分，当前我国大学生心理援助体系还很不完善，需要不断进行优化，具体可从以下几个方面努力。

(一)制定完善的保障政策

高校应在借鉴国外高校相关成功经验的基础上，结合本校实际情况及学生的特点，制定能解决学生心理问题的具有较高可操作性的政策，并确保所制定的政策能得到有效实施。完善的政策是大学生心理援助体系得以构建的重要保障。制定政策时，除了保证其可操作性，一定要杜绝凭空想象，而要充分考虑学生需求，以学生为本，广泛征询学生的意见，与学生共同制定相关政策。这样才更可能切实解决学生的实际问题。

(二)建立、完善心理服务机构

完善的心理服务机构是大学生心理援助活动得以实施的组织保障。高校应当投资建设心理咨询室，配备专业器材等硬件设施，同时设置网上咨询、信件咨询、电话咨询等，充分利用各种媒介如校报、橱窗栏、广播、板报等方式为大学生普及心理学知识，并帮助大学生提高心理健康意识，提高心理素质。

(三)加强心理援助师资队伍的建设

如果有了完善的政策和心理援助机构,但没有合适的人去执行,也很难达到预期的目的。因此,高校还必须建设一支高素质、学习型、服务型的心理援助师资队伍。首先,高校一定要有专业的心理咨询教师,并且要通过相应的培训不断提高他们的基础理论知识、专业技能和其他素质,要使他们不断学习前沿的心理学、管理学理论,将其应用到实际的工作中,并运用现代化的手段,如引导法、体验法、情景法、网络法等来提高工作效率。其次,高校也不能忽视班主任和辅导员的作用,要加强他们专业素质方面的训练,让他们多关注学生、热心为学生服务并引导大学生形成健康的心理,对有心理问题的学生及时与专业心理辅导教师沟通,共同做好学生心理健康方面的工作。

(四)将心理健康教育渗透到各科教学中

大学生心理援助工作也可以在平时的学科教学中进行。这就需要专业咨询教师多和各科任教师沟通,让他们重视平时教学过程中对学生的潜移默化的引导,以学生为本,多进行心灵沟通,争取在心理问题出现之前提早发现问题,重点做好预防工作。班主任是心理咨询教师和学生间的桥梁,班主任应多开展各种有益的班集体活动,在与学生的接触中及早发现潜在的问题,并与咨询教师共同帮助有问题的学生,使其转变思想观念,恢复心理平衡。

(五)建立“学校—家庭—社会”全员参与的援助模式

促进大学生心理健康的任务不应当仅仅由学校来完成,家庭和社会也应参与其中。所以,高校要努力构建一个学校、家庭全员、社会参与的心理援助体系,提高高校学生管理工作的效率。在校大学生除了学校生活,还广泛地受到家庭、社会的影响,有些行为可能在学校没有表现出来,当他们接触家庭、社会时就会表现出来。学校要想真正了解学生的真实情况、了解他们的心理状态，就应当多关注他们的家庭、社会生活。父母比任何人都了解自己的孩子，对学生的性格、习惯等父母也是最了解的，因此学校应多和学生家长保持联系，并将学生的异常行为告知家长，共同探讨解决的方法。

（六）实现心理援助技术的本土化

美国心理学家皮特森曾指出："如果不考虑文化背景，任何精神评价有意义地理解和适当地改变行为的尝试都是误导的、天真的和危险的。"确实如此，对我国高校而言，虽然借鉴西方先进的心理咨询与治疗技术无可厚非，但也要注重考虑我国的本土特色，使心理援助技术具有中国特色，符合中国大学生心理特点，比如，采用顿悟、调适等方法。

三、大学生就业服务体系的优化

大学生就业服务体系就是指为了指导大学毕业生顺利找到工作，而为大学生提供一切服务的体系。近年来，伴随着高等教育大众化的深入，大学毕业生人数越来越多，就业形势非常严峻。大学生就业问题已成为国家、社会、学校工作的重中之重。而大学生就业状况的好坏不仅关系到高校的生存和发展，而且关系到社会的稳定。所以，优化大学生就业服务体系具有重要的意义。

从当前我国大学生就业服务体系来看，就业指导机制还不健全，就业指导内容和形式单一，就业、创业信息渠道不畅通，就业指导队伍非职业化和非专业化，总的来说还存在诸多的问题。所以，一定要有目的地优化大学生就业服务体系，使其真正发挥作用。以下就是一些有效的优化策略。

（一）加强政府和用人单位的通力合作

对于政府来说，首先应通过努力发展经济，调整产业结构，尤其是建立高新技术产业来提高产业水平，增加对大学毕业生的吸纳能力，使高等学校的人才培养和社会人才使用衔接好，并建立公平、公正、公开的劳动力市场机制，完善劳动力市场体系；其次应完善促进高校毕业生就业的相关政策、法规，为大学生就业服务提供有力的政策保障。

对于用人单位来说，首先应改变传统观念，树立科学的人才观，改变唯经验论、唯学历论的观念，用全新的观念对待大学毕业生；其次应根据自身规模、性质、发展状况、岗位实际制订相关岗位说明书，细化岗位职责，并按照岗位的要求，制定合理选人标准，确定招聘人员质与量；再次应采用科学的招聘程序，平等对待所有毕业生，以能力选人；最后应充分认识到大学生的优势所在，与高校密切合作，采取订单式培养模式，及时与学校沟通，以便高校开设适应市场需求的课程，以实现双赢。

相信在政府和用人单位的通力合作下，势必能更好地服务于大学生，让大学生的就业之路更为顺畅。

（二）建立立体交叉的就业服务机构

大学生就业服务体系的构建是一个复杂的系统过程，需要专门的机构来完成各种就业服务指导工作。因此，高校应当整合就业指导、学生思想教育、教学实践、课外活动指导等相关力量和资源，建立立体交叉的工作机构。比如，以学校、院系、班级、宿舍四级单位组合而成的纵向的就业服务指导机构。学校层面的机构，可配备专职人员、固定场所以及必备的工作辅助工具，包括资料室、会议室和咨询室，以及与之相配套的多媒体设备等；院系层面可建立大学生就业服务指导中心，具体负责学校部署的各项就业服务指导工作，开展多种形式的就业服务指导活动。

（三）建立一支强有力的就业指导教师队伍

为了提高就业服务指导效率，高校必须建立一支强有力的职业指导教师队伍，以学生为本，为学生服务。就业指导教师要充分认识到本校大学生的优势所在，紧紧抓住市场需求，加强校企合作，培养大学生的实践能力，帮助大学生树立正确的就业观，做好学生的心理和思想指导工作。培养这样的教师，高校要加强就业指导教师的培训，让他们获得一些专业的就业知识，以及与企事业单位沟通的能力，提高他们的职业道德，增强他们为学生服务的意识。

（四）提供全方位的就业服务指导

高校要建立和完善集教育、管理、指导和服务等功能于一体的毕业生就业指导和服务体系，丰富就业指导内容，为学生提供全方位的就业服务指导，就应当注意以下几个方面。

（1）在学生进校之初，指导教师就应有意识地对大学生进行职业生涯发展规划和指导，开设就业指导课、开展职业生涯设计竞赛、举办就业论文竞赛、举办就业知识讲座等，通过综合分析就业环境、就业形势让学生对自己的兴趣、特长、性格、学识、技能、智商、思维方式、道德水准等进行估测和分析，确立自己的职业发展目标，使就业服务工作贯穿大学教育的全过程。

（2）利用现代通信手段，采取多种多样的形式为大学生收集丰富的就业信息，定期举办各种形式的校园招聘洽谈会，为学生提供广泛的择业信息。

（3）为毕业生和用人单位提供信息服务、咨询服务、指导服务、培训服务等全方位、多层次、立体式的服务内容和服务形式，使高校就业服务既是大学毕业生的参谋，也是用人单位的人事顾问。

（4）为学生提供创业指导，培养大学生的创业能力，积极开发适合大学生的创业项目，拓宽他们的就业渠道，使大学生毕业后可以依靠自身的学识智慧、科技发明、专利成果，在社会风险投资的支持下，创办企业。

（5）培养大学生终身学习的意识和批判性学习的眼光，使其具有创新精神、实践能力、科学素养、政治思想素养、人文素养以及环境意识，使其成为一个全面发展的人。

第六章 国际视野下高校学生事务管理的模式研究

高校学生事务管理模式是对学生事务管理的结构或过程的主要组成部分以及这些部分之间相互关系的一种有机组合，并在一定时空范围内的实践中形成的活动结构和操作方法的体系。大学由于历史与现实各有侧重的不同选择，导致了各个大学的组织目标与价值取向的不同，因此世界各国高校的学生事务管理模式表现出不同的特点。本章在国际视野下，比较分析各主要发达国家和我国高校学生事务管理模式的特点，在借鉴的基础上结合我国的实际情况，提出我国高校学生事务管理模式创新的若干建议。

第一节 国外高校学生事务管理模式

各个国家都根据其自身特色和发展的条件形成了自己独具特色的学生事务管理模式，同时这些成功的模式又不断地通过国际交流得到完善和推广，使得学生事务管理模式呈现出开放性。以下就国外高校的几种主要学生事务管理模式进行分析，并分别就美国、英国、德国、法国、俄罗斯、日本的高校学生事务管理模式特点进行阐述。

一、国外高校学生事务管理模式的主要类型

(1)从高校学生事务管理与社会关系的角度审视，国际主要国家和地区的高校学生事务管理模式可分为三种，即内部事务

型、外部事物型和内外事务混合型。

内部事务型模式是指高校普遍将学生事务视为高等教育的重要组成部分，设有功能齐全的学生事务管理组织，承担全部或大部分学生非学术活动或课外活动的管理职能。内部事务型模式以美国、英国、加拿大和澳大利亚等国的高校为代表。

外部事务型模式指的是高校将学生事务主要交由社会化机构来承担，高校则成立联络点，在本校学生与社会性服务机构之间起沟通和协调作用。外部事务型模式以德国和法国为代表。

内外事务混合型模式是指高校学生事务管理内部的机构主要承担直接与学校教育相关的非学术型事务的管理；而生活后勤方面的服务则由高校以外的专业性机构承担。日本、俄罗斯高校的学生事务管理是内外事务混合型模式的典型代表。

(2)从学生事务管理与高校领导层的关系视角看，以美国为代表的高校学生事务管理模式又可分为以下四种类型：直接报告模式、间接报告模式、双重报告模式和分散型组织结构模式。

直接报告模式是指一所高校的学生事务管理各部门直接向校长报告的情况。

间接报告模式是指校长委托副校长或教务长主管学生事务管理。

双重报告模式是指一所高校由一位副校长负责学生事务管理的重大决策，而另一名(执行)副校长主管学生事务管理的财政人事等日常工作，学生事务管理部门同时向两位副校长报告工作。

分散型组织结构模式是指学生事务管理的一些功能由学校的其他管理机构承担。

(3)从高校学生事务的内部管理体制出发，美国又将学生事务管理模式分为四类：经费来源模式、服务相关模式、职员协会模式和直接监督模式。

经费来源模式是指学生事务管理主管根据各项职能的经费

来源是由学校拨款还是自筹这样两类来加以区分管理的方式。

服务相关模式是指根据学生事务服务项目的相关性对服务项目进行分类管理的方式。

职员协会模式是指在传统职能划分的基础上，通过设立各种小组与协会来对职员进一步加以组织，学生事务主管对各种小组和协会进行统一领导的方式。

直接监督模式要求所有学生服务部门直接向学校学生事务管理负责人汇报。

二、各主要发达国家高校学生事务管理模式的特点

（一）美国高校学生事务管理模式的特点

美国的高等教育举世闻名。据2012年《泰晤士高等教育》公布的世界大学排名前100名中，美国的高校占有43个席位，其人才培养的质量笑傲群雄。这些斐然成绩的取得，除了跟美国本身的高等教育制度有关，另外重要的一点便是其高度发达的学生事务管理系统。美国高校的学生事务管理已经形成了以专业化、专家化、个性化和规范化为特点的成熟发展模式。

1. 条状化运行、垂直集权管理为主

美国高校学生事务管理的组织管理模式，无论是组织运行模式，还是内部管理结构模式，都实行的是集权垂直管理模式，呈现出组织机构扁平化的特点。高校设有一名主管学生事务工作的副校长，下设数位助理。学生事务的不同部门，如就业服务中心、学生生活中心、校际体育中心等，则负责开展具体的学生工作。学生事务管理多头并进，条状运行。其组织结构可以参阅美国加州大学圣迭戈分校学生事务组织结构图，具体如图6-1所示。

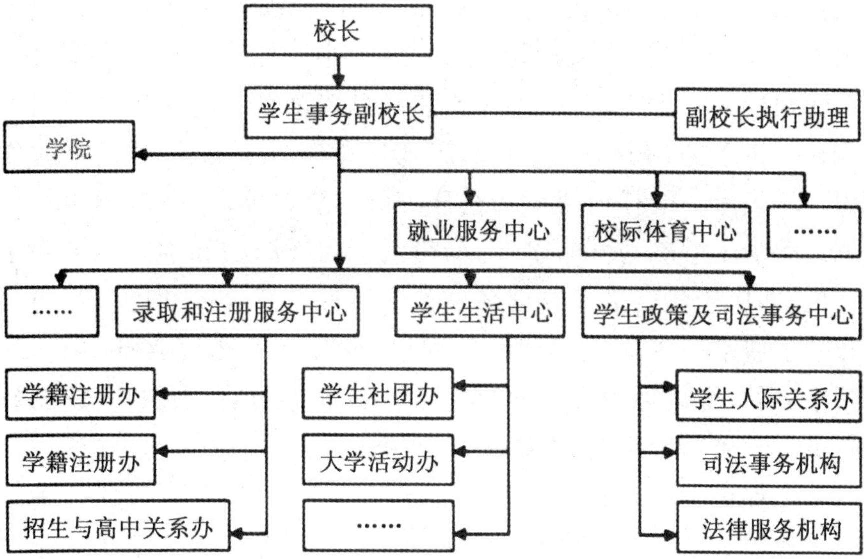

图 6-1 美国加州大学圣迭戈分校学生事务组织结构图

注:资料来自加州大学圣迭戈分校网站:http://www ucsd. edu/.

全面负责学生事务的副校长一般由校长内阁会议成员担任,直接向校长报告。学生事务管理部门则直接面向学生开展各项工作。学生、群体或社团就有关学生事务工作直接与学生事务管理部门交涉,院系一般不设立专职的学生事务管理部门和专职的人员。学生事务管理部门内部实行层级负责制。

具体到不同的高校,管理体制也各有差异。每个高校可以根据学生的个性需求具体开展工作,如有的高校实行间接报告式,有的则是双重报告式等。

但总体来说,美国高校学生事务管理的组织形式主要呈现出条状结构、多中心架构的特点,管理中间层级少,执行体系垂直化,管理重点在各个学生事务管理中心。

2. 主管负责为主、职能部门分工明晰

为了保证学生事务管理工作的有效开展,美国各高校充分结合自身的特点,选择不同的运行机制,但都坚持主管负责的原则。

主管学生事务的副校长通过决策、评估、会议等形式对全校的学生事务管理行使监管的职责。由教师和学生组成的事务议会向主管副校长报告工作，提供建议和信息咨询。一些学生社团组织也在学生事务的管理、决策和实施过程中发挥着举足轻重的作用。学生事务的任何决策都充分听取学生的意见，体现学生的意志。关于学生参与学生事务，全美大学的教职员和学生意见几乎一致，即属于学生事务的许多事务应该尽量开放由学生负责与参与。这些事务主要包括学生纪律、学生生活和咨询服务等方面。其中，学生纪律管理方面的学生参与是最典型的。通常美国高校有负责学生纪律管理的委员会，该委员会中学生的比例较大，借助旨在促进学生自律的“荣誉准则”和有众多学生参与的学生纪律管理委员会，许多高校的学生实际上担负起了学生纪律的主要责任，学生事务处反而退居辅助性的行政业务支援地位。在学生生活方面，许多美国高校学生生活服务的大部分事务是由学生自治会承担的。

美国高校学生事务各部门之间，职能分工明确，严格实行工作责任制，但又非常注意彼此之间的相互协作和配合，表现为管理职能的高度分化。副校长定期召集学生事务高级管理人员和各部门负责人开会，部门和部门之间也形成了定期召开会议的工作制度。通过会议的形式，美国高校可以协调学生事务工作的时间和内容，并且能够统一思想和行动，有助于落实相关决策和措施。

3. 高度的规范化、专业化和个性化

美国高校学生事务管理的规范化主要体现在具有较强指导性的规章制度方面，如《美国高等学校学生事务管理人员行为规范》《美国高等学校学生事务管理人员伦理标准》《学生事务观》和《学生事务应用手册》等规范性制度的出台，从各个方面为美国高校学生事务管理的顺利开展提供了指导和帮助，也让学生事务管理有法可依、有理可循。

美国学生事务管理专业化的特点主要体现在队伍建设方面。在美国，从事学生事务管理的工作人员，具有较高门槛的从业标准。通常申请进入学生事务领域工作的人员需要具有心理咨询、职业指导、学生事务、学生发展等方面的硕士学位。

美国学生事务管理的个性化主要表现为工作方式各异、体制灵活。美国学生事务管理机构充分尊重学生个性需求，针对学生的特点，提供个性化的发展和服务，真正实现了以人为本、以生为本的人本化管理理念，从而最大限度地保障了学生的健康发展。

（二）英国高校学生事务管理模式的特点

英国高等教育结构体系完整，种类齐全，无论是科研水平还是毕业生质量都享誉全球。在全球高等教育大众化、国际化的背景下，英国高等教育加快了改革的步伐，为国家社会经济的发展和学习社会的形成做出了重要贡献。高校学生事务管理作为英国高等教育的重要组成部分，在此过程中发挥了重要作用。在2012 年《泰晤士高等教育》公布的世界大学排名前 10 名中，英国占有 3 个席位，这与其独具特色的学生事务管理密切相关。英国高校学生事务管理模式的特点主要表现为以下三大方面。

1. 分散管理和集中管理并存

英国高校学生事务管理模式可以分为分散管理和集中管理两大类。在分散管理模式下，高校通过设立学习支持中心等部门，提供学生事务的管理和服务。在集中管理模式下，高校设有学生服务中心，下设若干个职能办公室，如学生注册办公室、学生住宿办公室、心理咨询办公室等，这些职能机构直接面向学生，负责管理除教学以外的全部学生事务。学院或系的层面不再设有专门的学生事务管理机构和专职从事学生事务管理的工作人员。涉及与学院或系有关的学生事务，一般学生服务中心的相关办公室同院系联系，再由院系下达有关任务，最终由学生个人导师协助院系和学生完成相应的事宜。院系有时候也会聘用兼职的专人负责学生事务的管理，但他们与学校层面的学生事务管理机构不存在上下级领导关系，仅仅只是工作上的合作关系而已。

分管学生工作的副校长或其他高级管理者直接领导学生事务管理机构，并对其负责。在院系层面，学生事务由院长或系主任负责，并为每个学生安排一个导师，负责学生学习生活等各方面的指导和服务。

2. 学校为主、导师为辅

从运行机制来看，英国高校的学生事务管理，无论是集中管理模式还是分散管理模式，其工作主体都集中在学校层面。学院或系级层面采用个人导师制，协助学校学生事务管理机构开展工作。同时，全国行业协会提供信息与资源的支持。各机构之间各司其职、互相协作，形成了有效的工作联系系统。

个人导师制是英国高等教育的一个传统特点。在传统的学生支持模式——个人导师制度中，学生事务与学术事务自然合一，教师处于替代父母的地位。而后来的学生服务模式则是 20 世纪 60 年代末期基于为非传统学生提供特殊的支持与帮助而建立的综合化的公共服务，其职能包括住宿服务、医疗服务、职业辅导和咨询服务等。随着高等教育大众化的发展，英国高校普遍继承了个人导师制度，又建立了综合化、专业化的学生服务部门。这样既保留了英国高等教育个人导师制度的传统，又对传统进行了创新改造。由于在学院一级没有学生事务部门，所以由个人导师担负学生的主要管理任务。以雷丁大学为例，学院为每一位新生指定个人导师，个人导师的职责主要包括学业、个人生活、职业管理、行政四个方面。学业方面，主要对学生的学习、选课、考试等方面给予指导；个人生活方面，主要是学生在住宿、社交等方面出现问题时，导师尽自己所能为他们提供帮助；职业管理方面，导师主要帮助学生做好职业发展规划，帮助他们掌握职业管理的一些技能；行政方面，导师要对提供给学生的辅导进行记录，使得审核的时候有据可依。雷丁大学对新任教师如何做好导师工作有专门的培训，印有《个人导师手册》。个人导师每学期和学生至少见一次面，有的导师授课，有的不授课。因此，导师制是英国高校学生事务管理的重要组成部分。

各种全国行业协会组织和非政府组织，在英国高校学生事务管理体系中也扮演着非常重要的角色。例如，高校招生委员会，以学生的申请费和大学的录取费作为收入，与英国教育部没有任何行政和经济关系，是一个纯粹的民间机构，却负责管理整个英国高校本科生的招生工作。类似的民间组织还有学生贷款公司，负责全国学生贷款工作。在这种全国性的行业协会和非政府组织的支持下，英国高校学生事务管理工作开展得如火如荼，工作成效显著。

3. 依法办事、以人为本、服务至上

法律至上的观念在英国深入人心，它在调整和规范学生事务管理方面发挥着决定性的作用。从学生事务相关政策的制定和颁布，到学生违纪、违法的处理过程，全程都有律师参与，提供法律援助。学生的违纪处理，必须合乎法律的规定，同时给予学生申诉的权利。

英国高校学生事务管理倡导以人为本、以学生为中心的服务理念。学生事务管理充分尊重学生的权利和意愿，尊重学生成长的需要和多元化的价值观；鼓励学生自主选择学习和生活方式，为学生提供教育引导和管理服务。在实践中，学生事务管理者注重了解学生状况，遵循平等与多元化的原则，积极发挥学生主体作用，促进学生的全面发展。服务至上也是英国高校学生事务管理的一大特色。高校学生事务管理的宗旨是：以学生为中心，更好地了解学生，为学生提供优质的服务。专家型的学生工作队伍通过现代化的手段为学生提供专业化和职业化的各种服务管理。

（三）德国高校学生事务管理模式的特点

德国高等教育历史悠久，其高超的学术水平和优秀的教学质量举世闻名。按洪堡精神建立的德国高校，秉承教学与科研相统一的思想，主张学术自由。它们一度成为欧美各国高校争相仿效的楷模。因此，作为教学和科研机构的场所，德国高校固守着学术活动的界限。高校并不承担学生非学术性事务的管理，而是交由社会化的机构来承担。德国高校学生事务管理模式的特点主要表现为以下三大方面。

1. 学生事务管理机构一体化

德国高校学生事务管理的特点主要表现为学生事务管理机构的一体化。承担高校学生事务管理的一体化的社会会服务机构被称为“大学生服务中心”，它是一家按企业运行方式经营的自制性组织，具有独立法人资格，其领导由州政府任命。它不以追求利润为目的，在财政上自负盈亏，面向学生提供食宿、就业、勤工俭学等各种服务。大学生服务中心独立于高校而存在，主要负责高校学生在经济、社会和文化等方面的具体事务。遵循“一城一中心，辐射各高校”的机构设置原则，即无论学校或学生多寡，一座城市只设立一个服务中心，并由最高机构“全国大学生服务中心”统筹管理。这种一体化社会服务机构的设置，不但优化了资源配置，实现了资源共享，而且为了生存，它必须为学生提供价格低廉、高质量、高效率的服务。同时无形中加强了学生与社会的联系，有利于学生在实践中把握机会，健康发展。

2. 后勤高度社会化

高校后勤社会化是德国学生事务管理的一大亮点。德国高校学生事务管理的运行，全部由社会团体或企业承担，如德国大学生服务中心，创建于第一次世界大战后，距今已有近百年的历史，其总部设在波恩，其成员由大会、理事会和秘书长组成。至今，德国大学生服务中心已经发展为一个现代化的大学生服务机构，在德国共有 62 个分中心，员工近 2 万人。其主要任务是为分布在德国三个城市的高校学生提供各种服务，解决学生在校期间的生活、住宿及经济、健康等问题。

德国大学生服务中心除了为学生提供食宿等服务，还组织学生参观旅游，举办各种文化娱乐活动，为学生提供勤工助学机会，并负责管理和发放德国政府贷学金。德国大学生服务中心同样不以营利为目的，其经营所得主要用于社会公益活动，用于改善大学生学习和生活的外部社会条件。这种高度社会化的后勤管理方式日益受到国际教育界的重视，得到了越来越多的国家和地区的认可。

3. 学生高度自治

德国高校学生事务管理除了机构设置一体化、服务后勤社会化的特点，学生高度自治也是其主要特色。学生的高度自治主要体现在学生自主学习、自我管理和参与学校管理等方面。比如，学生在课程学习和毕业时间方面都可以进行自主选择，自主负责。学生会根据专业特点成立专门的机构为低年级学生提供学习指导，并负责给其他学生提供咨询、发布信息和公告等服务。又如，学生会成立宿舍委员会参与宿舍管理的工作。每栋公寓会通过选举产生自己的楼长，代表学生维护学生的合法权益。代表学生最高组织机构的学生议会，与校方关系完全平等，拥有财政权和教学管理的相应权利。学生议会通过选举产生并成立学生联合委员会，代表所有学生权益，负责处理学校层面的学生日常工作。

（四）法国高校学生事务管理模式的特点

法国高等教育具有悠久的历史和深厚的文化基础。它的高校学生事务管理具有明显的地方色彩。法国高校对大学生的住宿、用餐、发放助学金等事务，实行高度社会化的管理与服务体制，工作效率高，实践性强。原则上，高等学校只负责教学、科研及相关事宜。学生的非学术性事务全部交由一个专门提供学生服务的机构——大学事务中心负责。法国高校学生事务管理模式的特点主要表现为以下三大方面。

1. 学生事务管理社会化

法国高校学生非学术性事务的管理并不是由大学负责的，而是交给社会化的服务机构来管理。这种社会化的高校学生服务机构在法国被称为“大学事务中心”。它于1936年由法国教育部创办，是一家带有企业性质的自治性组织，是具有法人资格和经费自主权的公立机构，总部设在巴黎。它的主要任务是改善在校大学生的生活与学习条件，促进国际交流与合作。高校只成立联络办公室，负责沟通和协调本校学生与社会性服务机构之间的各种具体事宜。法国高校学生事务管理实行国家与地方的两级管理体制。全国大学事务中心受法国教育部领导，由教育部部长任命其行政委员会的主席，对各地区的大学事务中心负责。地区大学事务中心隶属全国大学事务中心，受其领导，并定期向其汇报工作。它直接面向大学，进行学生管理和服务。

2. 垂直监管、扁平化运作

法国高校学生事务管理机构全国大学事务中心，本身不直接介入具体学生工作，而是通过各地区大学事务中心来面向高校开展工作，但对地区大学事务中心实行垂直监管。全国大学事务中心由27人组成的行政委员会行使领导权。行政委员会由1名高等政府任命的主席，4名高等教育部的代表，4名分别来自于财政部、住房部、社会事务部、外交部的代表，8名经选举产生的学生代表，3名由大学事务中心工会推举的代表，3名大学校长的代表，4名社会知名人士的代表共同组成。行政委员会负责制定总政策，研究学生的实际需求，开展各项使学生满意的服务。同时，面向28个地区大学事务中心分配经费预算，接受和分配有利于大学事务中心发展的各种捐赠、遗产和资助。

地区大学事务中心直接面向学生，为本学区内的学生提供生活服务。全国大学事务中心的主席，由高等教育部部长提名、政府总理任命，任期为3年，其重要职责在于筹划与执行行政委员会的决议，并且保障大学事务中心的各项服务得以正常运转。主席下设四个行政机构，如学生生活处、文化活动处、财务处等。此外还设有一个工作小组，负责欧洲交流项目等事宜。各地区大学事务中心直接面向学生，提供服务。服务范围广泛，主要以经营食堂和宿舍为主。它们自主经营，不以追求利润为目的，但享受政府提供的补贴。地区大学事务中心的学生事务管理者属于国家工作人员，他们的收入由国家按规定的统一标准支付，与经营效益脱钩。

3. 高效率、高质量

法国高校学生事务管理工作方式社会化，服务质量高。法国高等教育界认为，高校学生事务管理的责任在于政府，而不是学校。他们认为学生事务管理工作是教育质量保证的重要组成部分。为了让学校专注学术和科研，也为了提高教育质量，政府要积极介入学生事务管理，选择企业性质的服务项目，让学生走出校门，步入社会，通过与企业之间的接触，增强大学生活的实践性，促使学生日常生活社会化。

法国高校学生事务管理实行两级管理模式，工作效率高。负责学生事务工作的全国大学事务中心和地区大学事务中心的层级运行方式，不仅满足了学生经济、食宿和个性发展的需要，而且为高校学术和科研的发展提供了有力的保障；不仅优化了学生事务管理的资源配置方式，节约了管理成本，而且有利于国家对高校学生事务工作的监管，有利于学生事务管理人员的职业化发展。

(五)俄罗斯高校学生事务管理模式的特点

苏联解体前的高校学生事务，为苏联培养“具有明确的政治信念的共产主义战士”做出了重要贡献，形成了与其政治生活、经济生活和文化生活相匹配的苏联模式。这种学生事务模式具有浓厚政治色彩，其过分突出政治教育而覆盖学生事务工作的全部内容。苏联解体后，俄罗斯高校学生事务立足于新的社会背景和发展目标，去政治化是其变革过程中最为突出的特点。俄罗斯高校学生事务在继承苏联学生事务模式的同时，对组织管理和实践的许多方面又进行了不同程度的扬弃，形成了现在的俄罗斯学生事务管理模式，其特点具体体现在以下几方面。

1. 行政化的组织设置

将社会经济活动领域的行政管理方法运用于学生管理是俄罗斯高校学生事务管理的一大特点。作为俄罗斯高等教育发展的一个组成部分，学生事务管理在俄罗斯各高校并没有独立的分管部门，所有的学生事务管理职能分散于高校各个行政部门中负责学生课外活动的单位。尽管具体的服务内容和机构设定要视学校的需求不同而不同，但这些担负学生事务管理的机构在组织的整个构成和运作方面，与行政体制构成和运作有着基本相同的属性，是按照行政体制的结构和运作模式来建构和运行的。通常情况下，课外活动分管副校长组织协调全校各系的课外活动。

目前，俄罗斯各高校的学生事务管理机构中不存在学生主任等诸如此类的职位，学生主任的作用与职责由各系主任分担，在系主任领导下，每位教师都担当学生学习和课外活动的管理工作。

2. 集成化的服务体系

这些服务主要包括以下几点。

(1)关注学生的课外生活。俄罗斯高校拥有完善的学生课外活动系统，该系统由课外活动的专门机构负责管理。而这些机构通常在学校层面上由各位副校长及副校长助理管理领导，在各系则由各系的系主任负责管理，其宗旨就是开展一切促进个人发展、促进专业学习进步的工作。

(2)加强学习部门的学生管理。学习部门主要负责学生的入学、咨询、注册和档案，针对学生在学习过程中的日常行为管理，虽有学生管理机构，但主要是靠学生自我管理，即靠一系列的规章制度和学习考试规则来管理。该系统的顾问制度非常完善。学生课堂以外的生活通常通过学代会、各种各样的俱乐部以及各种单位（合唱团、小乐队、摇滚爵士乐队、企业）等负责完成。其中，体育竞技受到相当的重视。

(3)重视学生支持系统的发展。为加强信息技术在管理中的有效运用，从本质上优化学生管理和服务，俄罗斯各高校都建立了学生支持系统。学生支持系统主要包括建立学生支持网和学生服务支持。学生支持网主要提供信息和指导服务，包括职业生涯发展和咨询、学生医务室、奖学金和财政资助、医疗保险和就诊；学生服务支持包括住宿、设施、食堂、勤工助学、咨询服务、入学前服务、海外学习项目、国际学生学习项目等。这些服务通过大学各个行政管理部门、学生发展中心来提供，如高年级本科生和研究生可根据自己的专业方向，在校内有关部门兼职，获得一份固定的工资。

(4)注重学生维权。学生维权是学生会、各学生管理部门的首要目标。每所国立大学以及很多私立高校都选举产生学生委员会。除了宣传，学生会、各学生管理部门还参与发布资助信息、学生住宿管理的公平监督、帮学生就业、开展联谊活动，等等。

(5)加强毕业生的就业管理。毕业生就业管理是各高校学生事务管理的重要环节。取消了传统的统包统分的政策后，除特殊领域（如军事院校、部分尖端学科等）外，绝大多数的高校毕业生均自行择业。俄罗斯各高校都逐步建立了专门的毕业生就业管理机构，如青年学生就业促进中心和信息分配系统，帮助学生自主择业。主管教学的副校长领导下的青年学生就业促进中心是教育市场与劳动力市场之间的纽带环节，其任务是分析地方企业组织对青年的需求情况，为大学生提供职业定向，以及与地方企业组织和政府机关联系等。

各学生服务环节在校—系—教研室三级管理体系中，有效衔接，结成一体，共同致力于学生的全面发展。

3. 全程化的学生顾问

在俄罗斯高校各系从事学生事务的具体工作人员被称作学生顾问，俄罗斯高校的学生顾问制度在去政治化的基础上，从根本上继承了苏联的学生指导员制度。

俄罗斯高校每一个大学生集体都有学生顾问，学生顾问一般由专业教师兼职。俄罗斯高校对学生顾问的资格并没做规范化的制定，一般是具有相当生活经验和工作经验且原则性强、受人爱戴、具有5年以上工龄的教师。学生顾问对学生发展的职责是全方位的：在政治层面上，帮助大学生形成正确的世界观，培养他们的社会责任感，发扬学生独立的创造精神；在学习层面上，通过各种形式的教育活动，提高学生对专业学习的兴趣，激发学生的学习积极性；在生活层面上，关心学生的日常生活和经济情况。各系都设有学生顾问委员会，由学生顾问、系主任和工会组织代表组成。

在俄罗斯，对学生事务管理的从业人员没有具体的学位要求。学生事务的高级管理人员一般持有人文博士学位，中层管理人员则持有高等教育大学文凭，基层的学生事务管理人员通常是获得从事领域专业证书的管理人员。

4. 自治化的学生管理

苏联在20世纪20年代为了保证高校的民主化管理改革顺利实现，在强化校长责任和行政管理系统的同时，也非常注重发展高校大学生自治问题，逐步在高校管理机构中建立了广泛选派大学生代表的制度以及多种多样的自组织治理形式，如大学生宿舍委员会，系大学生办公室，年级大学生委员会、优秀生委员会，等等。许多高校力求让大学生自治机构设在共青团内，利用共青团、工会等大学生组织，参与高校的管理工作，为社会主义高等教育的发展起过重大作用。

苏联解体后，俄罗斯各高校基本沿袭苏联的学生自治化管理制度，只不过这种制度以更加零散的多样化形式出现在俄罗斯高校管理组织机构之中。

(1)教学过程中的大学生自治组织形式。大学生工会委员会中的大学生教学—教学法委员会，非常关心吸收大学生参与教学改进过程，经常收集教学过程中的各方面信息，组织学生与教师进行沟通，有些则是以教学班、组为基本自治单位，参与教学班的教学监督。这些自治组织的最终目的是从根本上提高大学生的培养质量。

(2)科研工作中的大学生自治组织形式。尽管科研工作中的大学生自治组织形式是多种多样，但其根基应该是俄罗斯高校在教学科研组织上的传统特性，即系、系学院、科学研究院、问题实验室、教学—科学中心，在各组织中，学生自治活动则由科学指导员(教师)直接领导并负责，大学生则负责组织工作和检查工作的完成情况。

(3)日常生活中的大学生自治组织形式。为充分发挥大学生的自治作用，俄罗斯高校已建立大学生委员会。大学生委员会在各系、各宿舍又设系和宿舍大学生委员会。随着大学生自治的发展，在许多俄罗斯高校的宿舍中取消了教师值日制。

俄罗斯之所以至今仍是世界上教育水平最高的国家之一，与其苏联时期所积淀下的深厚教育发展底蕴及其独具特色的培养人才的学生事务管理模式有着直接的关系。

(六)日本高校学生事务管理模式的特点

在日本，学生部承担了高校学生事务管理工作。日本高校学生事务管理模式的特点主要表现在以下三大方面。

1. 集权化管理为主

日本高校学生事务管理由各个大学自主设置的组织机构——学生部来承担。学生部的领导事务局长由校长任命，并对校长负责，承担全校的学生事务管理工作，表现为集权化管理为主的特点。学生部下设不同的学生事务管理分支机构，受学生部长领导，并向其汇报工作。各个大学的管理体制和具体管理事务差异不大，但都充分体现了规范与服务并存的学生事务管理方针，在强调为学生服务的同时，也重视教育的引导作用。比如，通过制定和颁布规章制度，对学生的校园集会进行限制，防止学生自治组织与学生部发生冲突，充分体现了集权化管理的特征。

负责高校学生事务管理的职能机构学生部，其主要目的是为学生的发展提供相应的指导与服务，促使学生形成健全的人格，以达到学生个人的自主发展。提供的指导与服务涉及健康、福利、课外活动、就业等多个领域，充分体现了为学生服务的特点。

2. 高校后勤组织民间化

日本高校学生事务管理除了学生部负责管理，一些群众性的民间组织也参与其中。日本高校学生的食宿等生活后勤服务则由群众组织——日本消费生活协调组织来承担。根据日本政府颁布的《生协法》，日本主要大学都成立了消费生活协调组织，主要为高校的后勤提供服务。消费生活协调组织在为学生提供各项服务时，学校有义务无偿向其提供房屋等基本设施。政府对高校后勤服务实行免税或低税等税率优惠政策，吸引民间其他专业服务公司参与竞争学校后期服务管理，以便更好地为学生提供优质的、高水平的服务。

3. 体现大学教授会的意志和思想

日本高校学生事务管理机构学生部充分反映了本校教授会的意志。大学教授会是学校运营的决策和咨询机构，其下设各种委员会，如学生生活委员会、就业委员会等。这些委员会就学生事务管理等相关内容形成决议和意见，主导学生部学生事务管理的工作思想、原则和方针。学生部实际上成了本校教授会的代言人，从而让教授们的意志在学生事务管理中得以体现。

图 6-2 所示是日本某高校的学生事务管理体系结构。

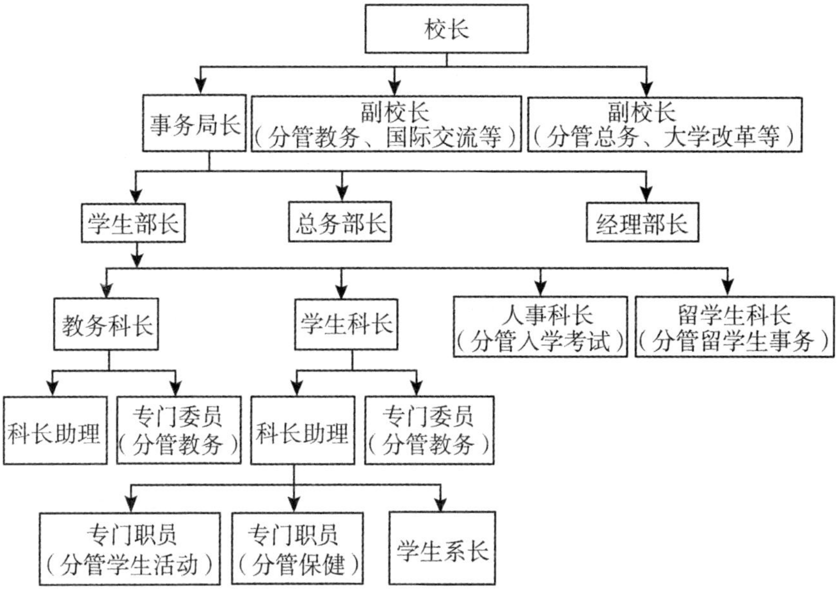

图 6-2　日本某高校的学生事务管理体系结构

第二节　我国高校学生事务管理模式

在我国，改革开放尤其是 20 世纪 90 年代以来，高校学生事务管理模式逐步萌芽并发展。时至今日，我国高校学生事务管理获得长足的发展，已有了理念逐步明晰、机构相对独立、内容相对丰富、制度相对健全的管理体系，但是，仍存在学生事务管理的正式报告关系不够清晰、跨部门间的沟通协调机制还不够完善等问题。随着我国高等教育由规模扩张向提高质量、追求卓越的阶段发展，学生、家长、社会和政府对高校的学生事务管理同样提出了更高的要求，因此急需构建具有中国特色的高校学生事务管理模式。

一、我国高校学生事务管理模式的历史发展

纵观我国高等教育的发展历程，以全国高校普遍设立“学生

工作处”这一专门机构为标志，可以将我国高校学生事务管理模式的发展分为分散模式阶段和专兼模式阶段。所谓“分散模式”，是指学校未设立专门的学生事务管理机构，学生事务管理权限分散在学校许多部门(教务处、总务处、人事处、招生办、就业办、团委等)，并由这些部门分别实施相应的学生事务管理职能。这种模式是改革开放以前基本通行的管理体制。所谓“专兼模式”，是指学校设立党委学生工作部或学生工作处，作为学生事务管理部门的主体，承担大部分学生事务管理工作。团委作为另一重要部门，主要承担学生课外活动和校园文化活动的组织与管理，其他相关部门继续履行部分学生管理职能。这种模式产生于20世纪80年代初，通行于90年代以后。当前，在党委领导的校长负责制下，高校的学生事务管理体系基本上形成了两大系统：思想政治教育和行政管理。思想政治教育主要由团委、院系党(团)委、班级团支部负责，行政管理主要由学生工作部(处)、院系学生工作办公室、班委会负责。分管的校领导一般由主管学生思想工作的党委副书记和主管学生管理工作的副校长共同担任。从管理层级上看，高校学生事务管理实行校、院(系)两级管理体制。在具体的组织结构和运作方式上，大多采取“部处合一”的管理体制和“条块结合”的运行机制。

二、我国高校学生事务管理模式的特点

条块结合与直线职能的组织结构，加之主动干预的工作方式，在确保对我国高校学生事务管理的充分覆盖、确保学生事务管理的整体协调上有着很大的优势。总的来看，我国高校的学生事务管理模式呈现以下特点。

(1)体现了“以社会为本”的价值取向。目前为了适应我国社会的巨大变革，我国高校学生事务管理注重满足学生和社会发展的需要，忽视学生的个性需要。

(2)体现了思想政治教育与学生事务管理的统一性。目前，

我国高校的学生工作由思想政治教育和学生事务管理两个子系统构成。在我国高校，思想政治教育居于重要地位。但在市场化和高等教育大众化的进程中，高校的学生事务日益增多，且关系到大学生的健康成长。为此，我国高校在过去单一的思想政治教育管理模式中，逐步扩展学生事务管理，形成了今天学生思想政治教育和学生事务统一的管理模式。

(3)属于“管治”模式。所谓“管治”指的是管理者为实现管理目标而对被管理者实行控制的一种管理过程。在管理过程中，强调控制，强调目标自上而下的统一性，强调通过控制手段使组织中的个体利益服从组织整体利益。在我国绝大多数高校中，各学生事务管理机构与管理人员为了实现管理目标，往往通过“独断式”的单向活动，强调学生事务管理者的权威，主张学生无条件服从。

三、我国高校学生事务管理模式存在的问题

目前，我国高校学生事务管理模式主要存在以下两大方面的问题。

(一)学生事务管理的正式报告关系不够清晰

报告关系通常也称作指挥链，它是一条连续的权力路径，从组织的高层扩展到基层，将组织中所有的成员连接起来。在这个指挥链里，主要存在以下三个问题。

(1)指挥链的最高层分工不明确。我国高校管理是党委领导下的校长负责制，学生工作的最高决策权在学校党委。学校的学生工作一般由一位校党委副书记或副校长全面负责。这一领导体制一直是一个多渠道、多层次的系统，有不少关系未能理顺。学生事务是由党委直接领导，还是在党委的统一部署下由校长对学生全面负责，分工不是很明确。

(2)指挥链的中低端对学院院长负责还是对职能部门负责

并不明确。目前，我国高校的院系学生工作一方面接受院系领导，另一方面接受学生工作部、团委等职能部门的指导。由于院系学生工作要对院系党委及校级学工部门进行双重负责，因此在其具体工作中不可避免地会出现角色冲突、激励扭曲、考核失效等现象。

(3)直线型层级众多，信息沟通不畅。随着学生事务的迅速膨胀及信息的大量增加，直线型组织层级增多，信息传递往往需要经过学校、院系、辅导员、班干部才能最后传送给普通学生，且在较长的链条上易出现失真现象；解决问题的信息流、价值流被置于各部门，使其处于无控制的分散状态等。

(二)跨部门间的沟通协调机制还不够完善

如今，大部分高校的学生工作处(有的还成立了招生就业处)、校团委将主要的教育、管理、服务职能整合在一起指导院系的学生工作，同时，还有很多其他学生事务分散在相关部门中。这种设置基本上适应了学生事务管理分工日趋复杂的特点，专业化管理具体深入，效率高。但该模式下的其他职能部门自成体系，不重视信息的横向沟通，很容易造成工作重复、遗漏。另外，这些“兼职”部门还有众多的其他任务，在面对学生的需求时，无法给予专业化的服务和管理。

四、创新我国高校学生事务管理模式的若干建议

我国高校学生事务管理模式行政色彩过浓，有其固有的弊端，下面提出几点改进的建议。

(一)革新管理理念，确立“社会本位”和“学生本位”相结合的价值观

我国高校学生事务管理应借鉴美国学生事务管理中人本化的管理方式。“以人为本”体现在高校学生管理工作上即“以学生

为本”,以最广大青年学生成长成才为出发点,以培养我国社会主义现代化建设需要的优秀人才为根本目的。新形势下高校学生管理工作必须要树立以人为本的理念,以学生为本、为出发点、落脚点和归宿,注重学生的个性和主体性发展。只要高校管理工作者引导得法、教育得当,并成为赏识每一位大学生的“伯乐”,就能发现每一位大学生的闪光点,造就出一批又一批的“千里马”。从这个意义上说,大学生人人都能成才。反之,如果高校管理工作者主观地把大学生分为“优生”“差生”“不争气的学生”,把一些不太听话和不守纪律的学生打入“另册”不闻不问,对心理有障碍的学生不加以疏导和排解,很可能就会使一块未经雕琢的璞玉被当作顽石而永远失去了光辉。

我国目前还有相当一部分高校学生管理人员只把学生当作受教育者看待,以行政化的方式教训管理学生、操控学生的思想,忽视了学生成长的内在需要和内生动力,忽视了学生的主体地位和主观能动性的发挥。至今这种管理方式仍旧对多数学生事务管理者有极大的影响。要改变以往“社会本位”的管理理念,实现我国大学学生事务管理机制的创新,需要认识到学生是大学教育活动的主体,学生事务管理应充分认识到树立“以人为本”管理理念的重要性。但“社会本位”的管理理念并非要完全摒弃,而应恰当坚持“社会本位”和“学生本位”价值观念的结合。在宏观上,按照社会需求和为社会培养合格人才进行学生工作总体安排和设计;在微观上,充分考虑学生的发展需要,做到为学生服务。“社会本位”的管理理念对应着学生事务的管理职能,而“学生本位”对应的是对于学生事务的服务职能。因此,我国高校学生事务管理机制的创新应当坚持二者相结合,将学生管理和学生服务统一到对学生的教育职能上。

(二)建立扁平化学生事务管理运行机制

根据我国现行学生事务管理的“条块结合”的直线职能式组织结构对于学生事务管理的效率和水平造成的不良影响,我们认为党政合一、条块状的管理组织结构不利于我国各大高校学生事务管理工作的展开以及效率的提高。因此,我国高校根据我国自身特点,在吸取美国组织结构经验的基础上,改变以往条块状、网络层级式的运行机制,将运行过程中的中级管理层弱化,通过拓展管理幅度、减少管理层次来提高学生事务管理效率。国内学生事务管理工作者借鉴西方高校的学生事务管理经验,对未来学生事务组织结构的演变提出了不少构想,一些学者就此提出了一种新的机构设置模式——扁平化分工模式(图 6-3)。

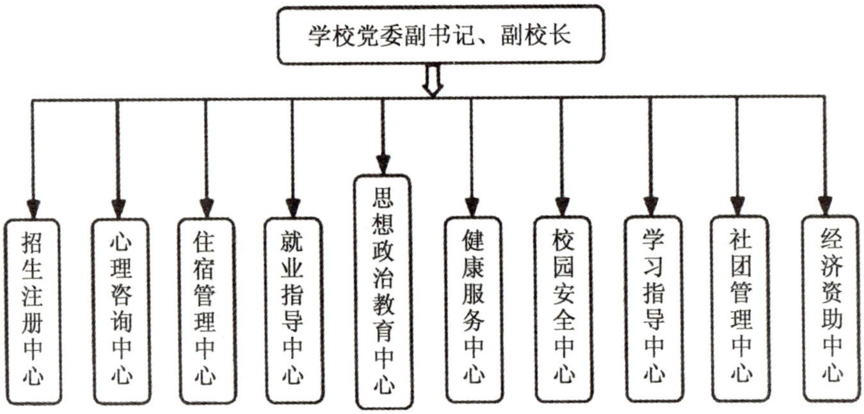

图 6-3 高校学生事务管理的扁平化组织结构

之所以提出这种扁平化的运行机制,是因为它具有一定的可行性。这种运行机制是一种内部组织系统化的工作机制。内部组织系统化是指高校学生事务管理工作划分为若干中心部门,由其专职负责相应的学生事务管理任务。如 6-3 所示,分别成立招生注册中心、心理咨询中心、住宿管理中心、就业指导中心、思想政治教育中心、健康服务中心、校园安全中心、学习指导中心、社团管理中心和经济资助中心这几大中心部门,由学校党委副书记和副校长直接负责。

(三)创建学生管理工作队伍建设的新模式,走专业化道路

当前,部分高校的学生事务管理队伍仍然存在着地位不够

高、角色不够清晰、人心不够稳、职业技能不够强的问题。要改变这种状况,必须要走专业化、专家化的道路。专业是社会分工、职业分化的结果,是人类社会发展到一定文明程度必然出现的结果。一种职业是否是专业,其特征与标准为:运用专门的知识和技能;强调服务的理念和职业伦理;经过长期的培养与训练;需要不断地学习进修;享有有效的专业自治等。既然职业化、专业化是社会分工的必然结果,那么高校学生事务管理队伍建设的方向也应该朝职业化、专业化发展,而且,从培养高素质的社会主义建设者和接班人的目标和要求来看,也必然要求高校学生事务管理队伍向专家化发展。学生事务管理的专业化和职业化是以学生事务及其管理在高等教育中具有相对独立的地位、专门设置的机构、职业化的工作岗位和专业化的管理人员等为标志的。高校学生事务管理者与其他学科的专业教师一样,是高校教师的重要组成部分。学生事务管理工作具有很强的科学性与艺术性,在大学生教育管理中,在工作内容上,学生事务管理者会运用到许多涉及大学生健康成才方面的知识。作为学生事务管理工作者,如果没有较高的业务素质与水平,就没有比较全面的知识、能力和责任心,是不能顺利而有效地开展学生事务管理的。

(四)实现高校学生事务管理渠道的多样化

1. 建设先进的校园网络系统,提升管理的效率

运用先进的网络技术对学生事务进行管理,是实现高校学生事务管理的渠道之一。构建高校学生网络系统,应该结合当前国内外政治经济形势和当代大学生的思想特点及热点问题,对学生成长、成才、学习、生活、就业、交友、娱乐以及生理和心理健康发展等方面,给予正面引导和帮助。通过以专业、社团、宿舍或现有行政班级等为基本单位制作网站,学生注册加入,参加网上活动而实现网上学生管理,尤其要重视思想教育与交流。

2. 营造和谐校园文化，发挥校园文化育人功能

校园文化需要长时间的文化和历史的积淀，它为校园物质载体注入丰富的文化内涵，是建设和发展校园物质文化的指导依据。积极向上的校园精神文化是一个学校发展和进步的内在动力，促使学生在良好的文化氛围下实现自身的教育和发展。因此，学生事务管理要通过加强校园文化建设，以促进学生身心健康，提高综合素质，培养德、智、体、美全面发展的人才。

高校要通过建设有特色校园的校容校貌、建筑布局和规划、教学手段和科研条件、课外体育和科技活动、学生的日常生活和娱乐设施、学校的宣传设施等创造有形的、看得见的校园文化，使学生置身校园时，能够感受到人文精神以及文化氛围。

3. 构建以学生公寓为主线的管理工作模式

学生公寓是大学生学习、生活的主要场所，学生每天除了上课、参加一定的娱乐活动，大部分时间要在公寓中度过；同时公寓又是对学生进行教育管理的重要阵地，公寓所形成的生活环境、文化氛围对正在成长的大学生起着直接或潜移默化的作用。公寓作为高校学生事务管理的主要载体正在逐步凸显出它的重要性。因此，对学生进行全面教育管理，构建一种适合我国高等教育大众化发展进程中的学生事务管理模式，在坚持现行的“校—院（系）—班”管理系统的同时，将管理的重心下移到学生公寓中去，把学生公寓管理系统变成对学生进行教育管理工作的组织载体，学生公寓的相关组织直接面向学生宿舍开展活动。这样就形成了学校进行宏观管理、学院面向学生具体管理，年级管理、专业管理、班级管理与宿舍管理紧密结合的学生事务管理系统及运行机制。

第七章 国际视野下高校学生事务管理的方法及其评价研究

随着高校扩张、高等教育大众化的发展，高校在校生人数急剧增长，学生事务管理工作也面临一些新情况、新问题和新发展。在我国高校学生事务管理改革过程中，以生为本的教育理念日益凸显，高校学生事务管理工作开始受到重视。只有做好高校学生事务管理工作，才能保障高校教学活动的顺利开展和大学生的正常生活。把握当前高等教育改革发展的国内国际形势，结合我国高校学生管理工作实际，学习、借鉴国外高校学生事务管理经验，必将有力推进我国高校学生事务管理工作，提升学生事务管理效益。面对高校学生事务管理新的形势和学生多样化的发展需要，学生事务管理者不能只在实践中摸索经验，也不可能只凭借已有的经验和直觉从事管理，必须切实解决有效选择高校学生事务管理的方法问题。另外，高校学生事务管理的科学评价是对高校学生事务管理是否成功的有效检验，它直接关系到高校办学的管理质量、效率及人才的培养质量。本章就高校学生事务管理的方法和评价展开探讨。

第一节 高校学生事务管理方法探索

一、高校学生事务管理方法的概念

方法就是人的活动的步骤、程序、格式。高校学生事务管理方法是学生事务管理者在管理活动过程中为实现学生事务管理目标、保证学生事务管理活动顺利进行所采取的工作手段和工作方式。研究学生事务管理方法,具有重要的理论与现实意义。首先,它能够为学生事务管理实践指明方向。其次,它有助于实现抽象的知识、理论和原则向具体方法、可操作方式的转化、变换,从而提升学生事务管理的效果。学生事务管理方法是学生事务管理理论、原理的自然延伸和具体化、实际化,是学生事务管理原理指导管理活动的必要中介和桥梁,是实现学生事务管理目标的途径和手段。

二、高校学生事务管理方法的类型

由于高校学生事务管理对象、性质和任务的复杂多样性,高校学生事务管理方法也相对构成了一个复杂的体系结构,可以根据方法的来源性质、管理活动过程、内容等将其具体划分为不同类型。这里按照学生事务管理方法的来源性质,将高校学生事务管理方法划分为学生事务管理的法律方法、学生事务管理的行政方法、学生事务管理的经济方法、学生事务管理的教育方法和学生事务管理的技术方法。

(一)法律方法

学生事务管理的法律方法指的是运用国家法律法规对学生思想和行为进行教育管理的方法。学生事务管理的法律方法具有严肃性、规范性、强制性等特点。运用法律方法,就是能够保证必要的高等学校管理秩序,能够协调好学生事务管理内外部各种要素之间的关系,将学生事务管理纳入规范化、法治化轨道。运用法律方法,就是将符合客观规律、行之有效的学生事务管理制度和管理方法用法律的形式规范化、条文化、固定化,使之有法可依、有章可循。

(二)行政方法

学生事务管理的行政方法是指依靠学生事务管理机构的权

威性，运用命令、规定、指示等行政手段直接开展教育管理活动的管理方法。它具有权威性、强制性、垂直性等几个特征。学生事务管理的行政方法的实质是通过管理者运用职位的权力来进行管理。在学生事务管理实践中，行政方法的运用有利于管理者与管理对象之间及时形成统一认识，构建统一目标，采取统一行动，能够较好地处理特殊问题和学生事务管理实践中出现的新情况。不过，行政方法的运用效果与学生事务管理者的管理能力、业务素质和领导水平密切相关。

（三）经济方法

学生事务管理的经济方法是指根据客观经济规律，运用各种经济手段，以达成学生事务管理目标的方法。学生事务管理的经济方法承认每个学生个体或学生组织在获取自身利益上是平等的，其实质是通过利益机制引导学生去追求某种利益，间接影响学生行为，实现学生管理目标的方法。近年来，随着我国高校日益重视学生资助管理，奖、贷、助、减、免、补等多种经济方法被逐渐运用起来。

（四）教育方法

学生事务管理的教育方法是指按照一定的教育规律，运用课堂教学、专题报告、座谈和个别谈心等方式对学生成长施加影响，以达成学生事务管理目标的方法。学生事务管理中的教育涵盖新生辅导、学习指导、心理咨询、职业生涯规划与就业指导、学生活动指导等内容。学生事务管理的各种教育方法要灵活运用，务求实效，既需要采用集体教育与个体咨询的方法相结合，又需要做到知识学习与实习、参观体验等方法的协调统一，还要做到外在教育与学生自我教育的统一。

（五）技术方法

学生事务管理的技术方法是借助现代化的技术手段，以达成学生事务管理目标的方法。学生事务管理的技术方法主要包括信息技术、决策技术、计划技术、组织技术和控制技术等。学生事务管理的技术方法的实质是把技术融入管理，利用技术来辅助管理。在学生事务管理实践中，应该根据不同的管理问题，选用不同的技术方案。美国教育软件市场十分发达，高校对这些软件的使用也十分普遍。例如，美国的 PeopleSoft 这一学生管理软件包括校园社区、招生及入学、学术宣传、学生记录、财政援助、学生财政等功能，几乎为学生和教职员工构筑了一个虚拟校园。此外，美国著名的专为教育界提供软件和信息服务的供应商还有 Blackboard 和 WebCT，它们已经合并，合并之后将为更多的用户提供功能更为强大的软件。在中国也不乏教育管理软件，然而大部分高校没有高效利用这些资源，在高校的学生事务管理系统开发工作中依然存在着各部门资源低水平重复建设以及欠缺统筹规划的问题。当然，技术方法并非万能，需要与其他方法相结合。比如，技术方法的运用与管理效果和管理者的业务素质就具有紧密联系。

三、美国高校学生事务管理方法的流变

高校学生事务管理在国外一般是指在高校的办学实践中通过规范、指导、服务学生，以促进其身心全面发展的非学术性组织活动。目前，在以西方高校为代表的国外高校，其学生事务管理已逐步走向规范化、制度化和专业化，管理宗旨大多趋向于通过不同的、具有针对性的服务项目来促进学生的全面发展。中国高校学生事务管理的发展和创新离不开对当今世界各国高校，尤其是对美国高校学生事务管理的先进经验的吸收和借鉴。200 多年来，作为美国高等教育的一个重要环节和一项重要内容的学生事务管理，它不仅受美国社会变迁的影响，而且受美国社会的市场经济、思想文化等因素的现代转型的影响。因此，每一历史时期的美国高校学生事务管理都反映着美国社会对高等教育、对高校

人才培养目标的期许。据此，我们可以把美国高校学生事务管理的历史大致可分为如下五个阶段："替代父母制"时期→"学生人事"时期→"学生服务"时期→"学生发展"时期→"学生学习"时期。在美国高校学生事务管理发展的五个阶段中，学生事务管理方法也随着理论的突破和实践的发展不断产生变化并日渐完善。

（一）"替代父母制"时期的高校学生事务管理方法和特点

在"替代父母制"时期，纪律也就是社会学家福柯所指的规训方式，是美国高校学生事务管理的突出取向。首先，这一时期的学生事务管理方法具有权威性特点。学院被看成"一种在院长的'家长制'控制下的组织"①。由于基督教教义给学生背上了"原罪"的枷锁，且理性主义"禁欲"思想充斥校园，这些观念促使学校充当了学生的"父母"，校长和学生事务管理人员掌握着广泛的权力。其次，这一时期的学生事务管理方法具有强制性特点。学生在学校内的所有活动都受制于古板的规章制度，受到学校的严格管束。学生一旦违反这些规章制度，便可能受到鞭打、中止或取消学籍等十分严厉的惩罚。替代父母制阶段的这种学生事务管理方法形成了高度控制和管束的学生管理环境。

总之，这一时期的学生事务管理方法，主要是希望通过严格的行为控制来实现智力发展的目的。从这一角度来看，当时的学生事务管理方法是适应现实要求的。但它无视学生的成长，将纪律控制仅仅视为实现学生事务管理的主要方法，从而造成了学生和教师之间的对立日益尖锐。事实上，作为高校学生事务管理两端的教师和学生，都是不自由的，都被纳入宗教的势力之下，缺乏表达自己意愿的途径和维护自身利益的权力。

（二）"学生人事"时期的高校学生事务管理方法和特点

在"学生人事"阶段，美国高校学生事务管理完成了由教师或

① 别敦荣．中美大学学术管理[M]．武汉：华中理工大学出版社，2000：19．

其他兼职管理人员向专职化的过渡，学生事务开始成为高校管理中的一个相对独立的组成部分。此外，这一时期学生事务管理方法的选择开始注重价值性、人本性、科学性和渗透性。首先，美国高校学生事务管理方法由僵化的行为控制转变为强调学生自我规训与自我管理。到19世纪后期，大多数学校已放弃与殖民地学校相联系的家长式作风及学院式管理方法，也有一些大学顺应历史潮流，支持学生自治活动。例如，弗吉尼亚大学于1909年正式实施"荣誉制度"，成立"荣誉委员会"，对学生作弊行为进行处理。其次，美国高校学生事务管理方法及时借鉴了科学管理、心理学的学术成果。1910年后，泰罗的科学管理思想受到了美国教育界广泛的欢迎。在将科学方法应用于教育研究的运动中时，美国教育心理学者桑代克等提出教育测验的方法，并推动了教育测验运动的盛行。当时比较著名的心理学工具有卡特尔的人格测量、比纳西蒙智力测验量表等。可以说，在20世纪初，心理学的成果被广泛应用于工业和教育，其对个人选择与培训、广告和社会生活的其他方面提供了帮助。总之，"学生人事"时期的美国高校学生事务管理方法，强调结合智能与情感、心理适应与生涯准备的学生全面发展的基调，并运用更人性化、个性化与预防性的管理方法，提供学生身心发展必要的心理卫生教育与咨询辅导，使得学生事务管理找到了可以着力的新立足点。

（三）"学生服务"时期的高校学生事务管理方法和特点

在"学生服务"时期，许多退役军人进入大学校园，这些年长与见过世面的学生无法适用传统学生事务管理的原则和方法。同时，随着学生和学校之间消费关系的发展，"学生服务"观念的市场气息也不断加重，美国高校学生事务管理向着减轻处罚和放松控制的方向发展，管理方法更加民主、理性和多样化。学生事务管理逐步树立了服务学生的理念，根据学生的不同情况（成人学生、女性学员、残疾人、外国留学生等），充分考虑他们的学习类型、学习能力、学习动机及心理—社会特征等因素，设置人性化的服务项目，为他们提供个人发展空间。学生事务管理方法注重采用经济学、管理学的相关方法来研究和解决学生的问题。此外，学校重视重新训练以前的员工或者雇佣新的职员来为学生事务管理提供支持与服务，并且形成新的管理方法，由此高校学生事务管理开始发生质的转变。

（四）“学生发展”时期的高校学生事务管理方法和特点

在“学生发展”时期，学生对课外活动的态度发生了变化。如果学生们想要或需要得到的东西不在课堂上，他们就会转而到课外活动中去寻找。这使得学生事务管理及其方法面临着新的机遇和挑战。高校学生组织及学生课外活动的教育和引导方法及民主化管理方法，成为这一时期高校学生事务管理方法体系的有机部分。在这一时期，美国开始完善学生事务管理的法律方法，建立了学生事务管理正规的“司法体系”，更加注重保护学生的法定权利。同时，更加注重信息的量化和管理的责权统一，强调教育和管理的效果。主张运用科学的发展理论，配合学习理论，去营造适合大学生学习与发展的环境，以达到大学教育的目标。同时，社会学中危机管理和社会控制的方法，以及心理学、哲学、人类学的理论与方法，开始被广泛应用于学生事务管理领域。另外，高校还拓展了原有的服务体系，加快了学生参与管理的进程，扩大了学生权力与责任的法律与教育概念，使学生享有自由选择服务和参加活动的权利。

（五）“学生学习”时期的高校学生事务管理方法和特点

进入“学生学习”时期以来，美国高校学生事务管理日益关注学生发展、学生的学习及其成效；学生事务管理者注重与教师沟通，强调教师的教育管理责任和学生事务管理者的教育责任；学生事务管理方法呈现出隐性化、渗透化、综合化的发展特征。概而言之，学生事务管理促进学生学习的方法可大致归纳如下。

(1)建立学业荣誉制度。绝大多数美国大学都采用各种措施,嘉奖优秀学生,以激发其学习动机,促进学习成效。此外,在进入大学之后,每年甚至每学期学生也有各种因课业上的优秀表现而受到奖励的机会。

(2)系统评估学生学习结果。在以学生学习什么、学习多少作为评判学生事务准则的情况下,以学生通过参加学生事务提供的项目后所获得的学习成果成为学生事务管理评估的重要内容。评估的结果将直接体现学生事务对学生学习和个人发展的贡献,并作为学生事务管理部门制定政策和项目的依据。

(3)将学生组织转化为动态、开放的学习型组织。学生积极参与校园管理才能获得有效的学习,因此学生事务管理人员应积极帮助学生组织审视其在大学校园的本质,鼓励学生参与、分享学校的管理。

(4)广泛运用信息技术。20世纪90年代以来,网络技术迅猛发展并与通信技术的融合,信息技术在美国高等教育的应用日益广泛。高校学生事务管理人员将信息技术的应用与促进学生学习和个人发展有机地结合起来,如明尼苏达大学德卢斯分校的网上学生手册功能非常强大,将每个学生进校之后所需要的服务统统包括在内,是真正意义上的"一站式服务"。

综观美国高校学生事务管理300余年的发展历史,其经历了从无到有,从幼稚到成熟,从定位模糊到职责清晰的变化。高校学生事务管理方法的演变也经历了一个从强调纪律性、监护性到强调教育性的深刻变革进程。

四、我国高校学生事务管理方法的特点及发展趋势

(一)我国高校学生事务管理方法的特点

我国高校的教育管理方法形成了很多好的传统,如规范的学校管理、严格的考试制度、传统的自我教育管理、科学的班级管

理、实事求是的定性评价分析等。对比美国学生事务管理方法，我国传统的教育管理学生的方法大致有以下三个特点。

(1)伦理方法的基础性。儒家思想十分重视伦理道德，强调政治与伦理相结合，并提出了一整套教育和管理学生的方法。在我国传统社会，各种政治制度、礼仪规范、社会习俗等都深深烙印着伦理道德的要求，学生教育管理方法也不例外。

(2)方法作用的内隐性。我国传统的教育和管理学生的方法虽然也注重外在因素的影响，但是这些都只处于辅助地位。最主要的方式，还是强调内化。一般来说，高校学生教育管理由三个互相联系又各有区别的层次组成，即学校对学生的制度管理或常规管理、学生相互之间的管理(班级管理)、学生自我管理(学生自己管理自己的思想和行为)。教育管理的实效，是这三个层次管理的综合反应。

(3)方法运用的综合性。例如，科学的班级管理是我国高校教育管理的优良传统。在班集体中，班级管理与自我管理结合，通过集体教育个别学生，通过教育个别学生教育集体，把集体教育与个别教育统一起来。实践证明，它比单纯的个别教育和单纯的集体教育效果要好。

在长期的实践中，我国高校学生事务管理坚持了一些行之有效的方法，如“调查研究、说服引导与灌输”的方法，“目标管理、情感陶冶与纵横对比”的方法，“典型示范、抓中间促两头与帮助后进转化”的方法和“激励鼓舞、言传身教与一把钥匙开一把锁”的方法等。这些方法既是学生事务管理经验的概括和总结，也是其自身工作的基本要求。当然，学生事务管理方法也存在一些不足，如管理方法过于简单化、趋同化；管理方法机械化、情绪化；管理方法以我为主，服务意识缺乏等。

(二)我国高校学生事务管理方法的发展趋势

在学生事务管理理论变化发展、管理环境日趋复杂及学生事务管理自身发展的综合因素的影响下，我国高校学生事务管理方法的发展趋势主要表现在以下三大方面。

1. 学生事务管理方法的分化与综合相统一

既分化又综合,是现代科学技术发展的趋势。学生事务管理方法作为学生事务管理的重要组成部分,同样呈现出这一发展趋势。学生事务管理方法发展的分化趋势,是学生事务管理向不同领域拓展深化的结果。过去,我国学生工作多局限于思想政治教育、日常规范和自身领域。在新形势下,学生事务管理必须进一步向未来领域、微观领域和宏观领域拓展。面对新形势,学生事务管理需要面向世界,研究国外的学生事务管理理论与方法,进行分析、比较、批判、选择、借鉴有用的知识与方法,丰富和发展学生事务管理方法体系。学生事务管理方法发展的综合趋势,是学生事务管理方法向相关领域渗透,进一步与其他学科方法相结合,丰富和完善各类具体方法,促进学生事务管理的发展。

2. 学生事务管理方法的社会化程度加深

为了适应现代经济和信息化社会的发展,适应教育对象社会化程度不断提高的需求,学生事务管理方法也必须向社会化方向发展。德、英、法、美、日五国高校的后勤事务通过社会团体和企业以合同、契约的形式参与,或完全自由参与。其运作模式有高校直接参与型、专门机构负责型、高校与专门机构共同举办等类型。英、美国家的高校一般设有专门的后勤事务管理机构,属于学校直接参与型。法国和德国高校的后勤事务完全脱离学校,属专门机构负责型。这些社会上的专门机构可以自己承担高校后勤事务,也可吸纳社会第三产业参与。日本大学的后勤事务采取了学校与社会有关机构共同举办的模式。尽管五国高校后勤管理的模式不尽相同,但其社会化程度都比较高。因此,我国应从中吸取经验,增强学生事务管理的民主性、社会性,积极鼓励和推进社会团体、第三产业部门等参与到学生事务管理中来,积极拓展多方资源,开辟多种方法,开展有效的学生事务管理活动。

3. 学生事务管理手段日趋现代化

现代化手段的运用是传统的学生事务管理向现代化的学生事务管理转变的重要标志。现代科学技术的迅猛发展及其在社会各个领域的广泛应用,既对学生事务管理提出了手段现代化的迫切要求,也为学生事务管理手段现代化创造了条件。面对信息化社会,面对社会化程度不断增强的受教育者,面对各个领域各项工作的竞争状态,高校学生事务管理只有改变传统的方式和方法,运用现代化的手段,才能有效发展自身,适应社会发展的需要。

第二节　高校学生事务管理评价的绩效指标

在现代企业人力资源管理中,绩效指标是指企业对工作的产出进行衡量或评估的相关指标。一般来说,有什么样的考核理念就会有什么样的指标体系,有什么样的考核目的就会有什么样的考核指标。因此,在构建高校学生事务管理的绩效指标时,要充分考虑高校学生事务管理工作的特殊性和规律性,提高绩效管理的实效性。

一、绩效指标的分类和选择

如何就学生事务管理绩效指标进行合适的分类、合理的选择,是建构良好的高校学生事务管理指标体系的重要组成部分。

(一)绩效指标的分类

建构科学的指标体系,需要对考核指标按一定的标准进行分类,形成模块化结构。模块化内的指标可以在实践中筛选保留或增加有效指标、去除难以操作的非关键性指标,不断完善指标体系。在现代企业的绩效管理考核中，绩效指标通常可以分为软指标与硬指标、“特质、行为、结果”三指标、结果指标与行为指标三种类别。学生事务管理工作有其独特性，目前人们一般从以下三个方面对其绩效指标进行分类。

(1)从学生事务管理的工作主题的角度进行分类，包括思想政治教育、危机事件处理、就业工作引导、日常事务管理、学生组织建设、学生经济资助、心理健康教育、学生工作研究等。

(2)从对学生事务管理者要求的角度进行分类，包括基本素质(政治思想素质、道德修养素质、专业文化素质、心理素质等)、业务能力(组织能力、沟通协调能力、创新能力、研究能力、语言表达能力等)、工作表现(工作态度、工作纪律、工作方式等)、工作业绩(获奖情况等)。

(3)从对学生事务工作的管理角度进行分类，包括教育管理、学生管理、生活管理、问题管理、组织管理、制度管理等。

(二)绩效指标的选择

在对考核指标进行模块化分类后，如何对模块内各项小指标进行选择关系到考核的导向问题，需要人们根据工作实际情况进行认真选择。按现代绩效管理方法的要求，绩效指标的选择依据主要包括三个方面。

(1)绩效评估的目的。绩效指标的选择，应根据绩效评估的目的而定。因此，学生事务管理绩效指标体系的构建应充分考虑学生事务管理的目的，也就是要保证学生事务管理目标的实现。

(2)工作内容和绩效标准。每个学生事务管理者的工作内容和标准，都是通过将学生事务管理的总目标分解成分目标落实到各部门，然后再通过进一步的分工而确定。因此，学生事务管理的绩效指标应体现这些工作内容和标准，从时间、数量、质量上赋予绩效评价指标一定的内涵，使绩效评价指标的名称和定义与工作内容和绩效标准相符。

(3)获取信息的难易程度。为使绩效评价工作顺利进行,我们应尽量考虑能便利获取信息的指标,即获取信息的来源必须可靠、简单。

二、绩效标准

制定绩效指标往往与制定绩效标准同时进行,绩效标准是指在各个指标上应该分别达到什么样的水平。

(一)制定绩效标准的要求

在制定学生事务管理绩效标准时,应把握好以下四方面的原则性要求。

(1)是否有利于高等教育人才培养目标的实现。我国高等教育要促进大学生"德、智、体、美"的有机融合,提高大学生综合素质,培养大学生成为德、智、体、美全面发展的社会主义建设者和接班人。高校学生事务管理应服务于这个目标的实现,在制定学生事务管理绩效标准时也应紧紧围绕这个目标。

(2)是否有利于高校教育事业的发展。学生事务管理是高校管理的重要组成部分,它起到保持校园稳定、提供服务、促进发展的作用。在制定学生事务管理绩效标准时,应立足于学校教育事业发展的高度,统筹规划。

(3)是否有利于学生的健康成长和全面发展。学生是学生事务管理的服务对象,学生事务管理关系到学生的切身利益。因此,在制定学生事务管理绩效标准时,应本着"善待学生"的理念,从学生的实际需要出发,真正体现"以学生为本"的原则。

(4)是否有利于学生事务管理队伍的可持续发展。学生事务绩效管理的主要目的之一,就是要提高学生事务管理者的工作积极性和主动性,促进学生事务管理水平的提高,促进学生事务管理队伍的可持续发展。

（二）定性和定量考核标准

1. 定性考核标准

定性考核标准一般采用描述性的用语，这就要求制定学生事务管理绩效考核标准的人员要了解、熟悉学生事务管理工作的特点和规律，同时要总结归纳出学生事务管理工作中具有代表性、典型性的行为和做法。在日常考核中，定性考核标准主要有两种描述：第一种是没有直接描述哪种行为和做法是好的、哪种是差的，而是简单列出好或差等几种选择，由考核者自己判断。例如，对危机事件处理的考核，可以用非常好、好、一般、差等级别进行判断（表 7-1）。

表 7-1　定性考核标准之一

一级指标	二级指标	考核标准			
危机事件处理	危机事件处理中的表现	非常好	好	一般	差
	危机事件处理的满意度	非常高	局	一般	低

第二种描述是直接描述哪种行为和做法是好的，哪一种行为和做法不好，然后让考核者进行选择，如对危机事件处理的考核，可以用表 7-2 表示。

表 7-2　定性考核标准之二

一级指标	二级指标	考核标准		
		好	一般	差
危机事件处理	危机发生时的表现	了解事件性质并及时与家长沟通	被动与家长沟通	找借口不与家长沟通

2. 定量考核标准

定量考核标准能精确描述指标需要达到的各种状态，因而在绩效考核中被广泛应用。定量考核标准的关键在于基准点位置的把握，基准点的确定同样要求了解学生事务管理的工作情况，熟悉某项工作的纵横对比情况。例如，对就业率基准点的确定，就必须了解近年该高校各专业的总体就业率，了解其他高校的就业情况。对就业率的定量考核标准，可以用表 7-3 表示。

表 7-3　定量考核标准

指标	评价标准	分值		
就业率	初次就业率 80％以上，最终就业率 90％以上；就业率有较大提高或基本持平	3	2	1

第三节　高校学生事务管理评价的原则与方法

一、高校学生事务管理评价的原则

在对高校学生事务管理进行评价时，只有切实遵循一定的原则，才有可能确保评价结果的科学性。具体而言，高校学生事务管理评价的原则有以下几个。

（一）方向性原则

高校学生事务管理评价的方向性原则指的是在进行高校学生事务管理评价时，必须坚守学生事务管理“为学生发展服务”和“为国家、社会服务”的基本立场。如果在高校学生事务管理评价中偏离了方向性原则，就难以确立科学、合理的评价指标体系，影响评价工作的正常开展。

（二）客观性原则

高校学生事务管理评价的客观性原则指的是在进行高校学

生事务管理评价时，必须防止和克服评价过程中的主观臆断，排除一切干扰，采取客观的实事求是的态度，对高校学生事务管理进行客观、全面、真实的评价。如果在评价过程中不遵循或者违背了客观性原则，就有可能导致高校学生事务管理评价标准趋于模糊，对高校学生事务管理工作的有效性及可信度造成不利影响。

（三）系统性原则

高校学生事务管理评价的系统性原则指的是在进行高校学生事务管理评价时，必须运用系统的观点、联系的方法，全面评价对高校学生事务管理造成影响的内、外因素，以及高校学生事务管理过程中管理机构、管理人员的行为等。高校学生事务管理与内外环境具有十分紧密的联系，这就可能导致较为良好、周全的管理过程并不一定能够取得较为满意、可观的管理绩效。基于此，高校学生事务管理评价应将管理过程评价和管理效果评价巧妙地组合成一个完整的评价系统。高校学生事务管理评价要切实贯彻系统性原则，必须做好以下两方面的工作。第一，高校学生事务管理者必须将过程评价与绩效评价视为一个整体，注重二者的结合，不能忽视其中任何一部分。第二，高校学生事务管理者要设计科学、合理的过程评价方法与指标体系。

（四）发展性原则

高校学生事务管理评价的发展性原则指的是在进行高校学生事务管理评价时，必须以促进被评对象积极上进、不断进步为基本出发点。只有坚守发展性原则，高校学生事务管理评价作为一种外在刺激，才能真正转化成被评对象赢得好评的内在需要，并进而转化成被评对象达标行动的内在动力。高校学生事务管理评价要切实贯彻发展性原则，必须特别注意以下两大方面。第一，高校学生事务管理评价要有明确的目的，并要在评价的过程中牢牢坚守此目的。高校学生事务管理评价的出发点和归宿都在于调动管理机构和人员的积极性、主动性，促进其更好地发展。第二，高校学生事务管理评价要以激励为主，惩处为辅。

二、高校学生事务管理评价的方法

（一）评价方法的选择

高校学生事务管理的评价方法有数十种之多，其中，自我考核法、汇报述职考核法、检查考核法、360 度考核法、目标管理考核法是比较常用的。不同的考核方法有不同的目的性和倾向性，产生的效果也不一样。大致说来，我们在选择评价方法时应考察以下五个因素。

1. 评价的目的

评价方法的选择，在很大程度上依赖于评价的目的。一般来说，绩效考核有多种不同的目的，而有什么样的评价目的就有什么样的评价方法。在选择学生事务管理评价方法时，应针对不同的目的需要采取不同的评价方法。

2. 评价的对象

评价对象的选择涉及学生事务的管理理念、管理组织特点和管理方式等方面因素。不同的评价对象有不同的评价方法，评价的内容和标准也有所不同。中国高校学生事务管理的评价对象还包括辅导员、院（系）学生工作部门、各学生工作职能部门及其工作人员等。因此，在评价个人、团队或部门时，应根据其工作的性质和特殊性而采用不同的评价方法。

3. 评价的主体

评价主体的选择就是确定由谁来考评，在确定考评者的过程中，既要考虑到评价的全面性，又要考虑到评价的合理性和公正性。中国高校学生事务管理的考评者主要包括上级领导、职能部门、学生、同行和自我等。不同的考评者对考评有不同的方法。由于考评者对被考评者的工作及其工作性质的了解、理解和熟悉程度不同,特别是对一些定性考核,不同考评者之间的差异性更大。因此,针对不同的考评者,应有不同的评价方法。

4. 评价的标准

学生事务管理的评价有多种不同的方法,但不同的评价方法在评价的标准上会有所差异。有的侧重在定量考核,有的侧重在定性考察。在选择评价方法时,应根据评价的标准和实际需要,选择合适的评价方法。

5. 评价的周期

不同的评价方法,有不同的适应周期,有的适合平时检查,有的适合年度考核,有的适合专职工作。总之,不同的周期有不同的考核方法,如方法选择不当,就不能获得理想的效果,甚至造成负面的影响。

(二)评价的基本流程

高校学生事务管理评价方式多种多样,要使得评价公平和公正,大体上应采用以下几个步骤。

1. 成立考核领导小组

在考核前,应由学校主管部门召开专门会议,成立考核领导小组,由各职能部门负责人担任考核领导小组长,各院(系)分管学生事务管理的党委(党总支)副书记担任组员,并由学生工作部(学生处)负责统筹协调各项考核工作的开展。

2. 确定评价方案

考核领导小组根据考核的目的、任务和要求,选择合适的评价方法，确定评价的各项进度、时间安排等事宜。高校学生事务管理评价的开展，要以设计高校学生事务管理评价方案为前提和基础。高校学生事务管理涉及学生学习、生活的多个方面，如大学生自身素质、学生事务管理人员、高校管理体制等。因此，要认真推敲、反复斟酌评价的管理对象、目的、评价指标体系、方法等，使评价方案周密、科学。

3. 明确高校学生事务管理评价的指标体系

高校学生事务管理评价的核心，便是明确高校学生事务管理评价的指标体系。一般来说，高校学生事务管理评价指标体系要包括三大内容，即确立各项评价指标及相对应的权重、评价标准。确立指标权重的方法有专家意见平均法、层次分析法等。从目前来看，一般采用专家意见平均法对高校学生事务管理评价指标的权重进行确立。此外，所制定的高校学生事务管理评价的指标体系必须是科学的、客观的、可行的。

4. 加强考核的宣传动员

学生事务管理的考核评估涉及的人多、部门广，因此，应充分利用多种媒体，对考核的目的、方法和要求进行广泛宣传，使各相关人员认识到考核的重要性和必要性，统一思想认识，使各项考核工作得以顺利开展。

5. 收集考核材料

考核方案通知下发后，负责实施考核的部门和人员，要按照考核的要求，及时收集考核的所需材料，核实上交材料是否齐全或正确，并及时将存在的问题反馈给被考评者。

6. 严格按考核方法进行考核

为使考核更加有效和省时，学生事务管理的绩效考核一般由各个环节的考核组成，如工作手册的检查、学生评价、部门评价、同行评价和集中述职等。为保证各考核环节的公正，一般应安排专人负责跟踪监督管理，严格按考核方案和方法进行考核。

7. 考核领导小组审核并公布考核结果

考核结束后，考核部门应及时将考核的初评结果上报考核领导小组审核，并及时处理考核过程中出现的问题，如投诉事件等。最后，通过合适的渠道将考核结果进行及时公布。

8. 高校学生事务管理评价的结果分析

分析高校学生事务管理评价的结果，有助于被评对象快速找出高校学生事务管理中存在的问题与不足，从而为发扬优点、巩固优势，克服缺点、改进不足奠定重要的基础。高校学生事务管理评价结果分析通常采用评价过程与评价结果统一分析法，即在分析高校学生事务管理评价的结果时，不仅要看被评对象的工作成绩，而且要看这些成绩取得的过程。例如，在对高校学生事务管理人员进行评价时，既要看管理人员是否在重大事情的处理上取得了显著效果，也要看其素质是否全面、对待学生的态度是否端正；既要看到被评价对象自身存在的不足，也要考虑是否有其他外在因素的干扰等。

第八章　国际视野下我国高校学生事务管理的发展趋势分析

随着社会的发展，科学技术越来越发达，网络越来越成为人们生活中不可或缺的部分，再加上高等教育改革的不断深入，高校的学生也不断呈现出新的特点。在这样的新形势下，我国高校学生事务管理面临着新的发展趋势。本章将对我国高校学生事务管理面临的机遇与挑战、国外高校学生事务管理对我国的启示和借鉴、国际视野下我国高校学生事务管理的革新进行系统的阐述。

第一节　我国高校学生事务管理面临的机遇与挑战

改革开放以来，伴随着我国经济的快速发展，社会各方面都产生了极为深刻的变化，高校学生事务管理所处的环境也在不断地发生变化，这些变化在为高校学生事务管理带来发展机遇的同时，也使其面临着前所未有的挑战。下面将对网络信息技术的发展、高等教育国际化、高等教育市场化、高校生的新变化、高校后勤社会化改革、小康社会与和谐社会战略目标的确立带来的机遇与挑战使我国高校学生事务管理面临的机遇与挑战进行详细的分析。

一、网络信息技术的发展带来的机遇与挑战

（一）网络信息技术的发展带来的机遇

以互联网为标志的现代化信息网络，被誉为人类文明史上的

第三座里程碑，其高速发展将人类带入信息社会。在当前的信息社会，各种层出不穷的先进信息技术在人们的现实生活活动之外凝结了一个虚拟的空间，在这个公共空间里，大量的信息汇集，人们可以自由地进行交流，信息得到了最大限度的传播。这对高校学生事务管理来说，极大地延展了管理的时空界限，也为高校学生事务管理的现代化提供了广阔的技术平台，并促使高校学生事务管理将网络信息技术的应用与促进学生学习和个人发展的使命结合起来。

网络信息技术正逐步成为高校学生事务管理快捷、有效的现代化手段，学生事务管理工作的很多步骤和功能都可以借助网络实现。通过对学生信息的采集、分类、整理、传递、存储、加工、分析、使用，能及时了解和把握学生的思想动向和关注热点，并对相关信息对象进行预警提示和干预调整，增强高校学生事务管理的感染性和针对性，并使高校学生事务管理跨越时空障碍，从周期长、效果反馈慢转变为即时性较强、周期短、见效快，并日益朝着管理的自动化、决策的科学化、服务的网络化迈进。

（二）网络信息技术的发展带来的挑战

网络信息技术的发展和广泛应用为我国高校学生事务管理带来了极大的挑战，具体体现在以下几个方面。

第一，网络信息时代的开放性、平等性，冲击着我国高校学生事务管理的传统体制。在互联网出现以前的相当长的历史时期内，教育者主要依靠信息差的优势来教育学生，对信息的垄断可以说是权威的有力象征。它在高校学生事务管理中的反映，就是管理人员是权威者，管理职能主要停留于封闭式的约束、控制、规范上。而今，在信息社会，互联网的出现和扩大则打破了这种管理者对信息的垄断及由此衍生的集权控制。教师不再是知识的垄断者，在学生面前不再是知识的权威，教师的地位由权威者向平等者、由传授者向求知者转变。它要求高校学生事务管理应由传统的自上而下的单向灌输和学生的被动接受的方式，转变为双向、多向的直接交流和互动。

第二，高校学生网络成瘾综合征的出现与网络信息的良莠不齐，增添了我国高校学生事务管理富有挑战性的新内容。网络信息技术是一把“双刃剑”，它在变成全球的力量的同时，正开始染指人类历史的根基，向人类历史注入极不稳定的因素。网络所具有的“电子海洛因”作用使不少高校学生患上“网络成瘾综合征”。

第三，在网络开放性基础上形成的网络文化是一种超越民族和国家界限、超越地域和时空界限的文化，网络极大程度上改变了人们获取信息的方式和总量。需要注意的是，人们虽然可以借助网络获得大量的有用信息，方便人们的学习和生活，但是，网络中也存在着各种各样错误的、落后乃至有害的信息和价值观念。如果大学生没有很强的辨别能力，很容易受到精神垃圾的干扰和侵蚀，造成思想观念上的偏差。除此之外，网络的虚拟性也使得学生容易淡化已有的道德观念和法律意识，更严重的会诱发学生的犯罪行为。

可见，如何预防和戒除高校学生网瘾、提高文化的选择能力以化解网络带来的负面效应，已成为高校学生事务管理必须面对的一个新课题。

二、高等教育国际化带来的机遇与挑战

所谓高等教育国际化，通常是指跨国界、跨民族、跨文化的高等教育交流与合作，即一国高等教育面向国际发展的趋势和过程，是把国际的、跨文化的观念和氛围与高校教学、科研和社会服务等诸项功能相融合的过程。在我国，随着高等教育步入国际化轨道，高校的办学水平、人才培养规格都日益受到国际化标准的衡量和影响。高校学生事务管理所处的环境、面临的形势和承担的任务也因此发生深刻的变化。

（一）高等教育国际化带来的机遇

高等教育国际化有利于加快我国高校学生事务管理理念和

管理方式的变革。

为适应高等教育国际化趋势，我国高校在与发达国家高等学校的交流与竞争中，学生事务管理将逐渐步入国际化轨道，人才培养的规格、管理体制、管理思想、管理方式、管理水平的评价等都日益受到国际化标准的衡量和影响。同时，多元文化日益成为大学校园文化的一种基本特征，多元文化的交互大大提高了高校学生事务管理的弹性和开放性，一定程度上提高了学生个体在多元文化环境中生活和学习的适应能力。此外，在高等教育国际化背景下，我国高校中外合作办学事业应运而生、蓬勃发展，中外合作办学机构迅速增多。

随着高等教育国际化的发展，我们应该用世界眼光、战略思维来重新审视以往的学生事务管理思路、管理格局、管理经验和方式方法，这要求高校的学生事务管理者不断寻求不同学科知识、不同思维方式、不同工作方法的共振和整合，实现学生事务管理方式方法的现代化、管理模式的科学化。

（二）高等教育国际化带来的挑战

首先，在高等教育国际化背景下，不同高校在多元文化交汇的环境中，如何坚持和倡导主流文化，形成自己的文化特色面临着新的挑战。

高等教育的国际化和开放性，使高校学生事务管理不可避免地面临许多新的情况。例如，西方意识形态和国际敌对势力的“分化”和“西化”的挑战；文化方面的服务承诺将使西方媒体得以用不同方式进入我国，能对大学生施加更有力的影响；在中外合作办学中维护教育主权，如何在融入国际社会的同时，保持中国特色等。

其次，在高等教育国际化背景下，高校如何使多元文化能够融合并进面临着新的挑战。在高等教育国际化发展的今天，各国的教育交流越来越多，学生之间、教师之间、学生与教师之间的多层面交流使校园文化充满多元，受到各类意识形态、政治倾向和文化观念的冲击，形成激烈的价值冲突和多元的文化形态，这些文化好坏兼杂、良莠不齐，对立统一地共存于校园文化之中，给我国高校学生事务管理带来巨大的挑战。如何不断解放思想，顺应文化多元发展的需要，打破阻碍文化交融发展的壁垒，促进文化的发展，并根据新的文化需要推进学生事务管理制度的不断改进，建立跨文化的学生事务管理模式，从而使各种文化形态都能在校园内和谐生长、共同进步，培养出各具风采、富有个性的大学生，成为当前高校学生事务管理面临的新课题。

最后，在高等教育国际化背景下，高校如何提高学生在不同文化背景下交流与合作能力面临新的挑战。

在高等教育国际化背景下，我国高校培养的学生将是中国政治经济、文化参与国际交流与竞争的骨干力量。随着全球经济一体化趋势的日渐明显，高校人才培养目标的国际化、人才衡量标准的国际化是高等教育必然面临的现实。目前，随着时代的发展和社会的进步，我国高校学生的主体意识逐步增强，但也呈现出自我意识强烈、交流沟通不够、团结合作精神缺乏等特点，这些特点在一定程度上影响了学生的文化立场、宽容态度和跨文化的交流。多元文化的交流不仅是自发的，也是需要引导和培养的。如何增强大学生文化交流的主动意识，提高他们在不同文化背景之间进行合作的能力，促进多元文化的发展和融合，是高校学生事务管理面临的又一大挑战。

三、高等教育市场化带来的机遇与挑战

高等教育市场化不是绝对的私有化，也不是绝对的公有化，而是一个引入市场机制，使高等教育机构更具竞争性、自主性和广泛适应性的过程。它是指高等教育在市场经济条件下，依据市场运作的机制和规律，重构其管理体制、运行机制和控制体系等管理系统，调整和修正高等教育与社会其他组织的关系，将高等教育逐步改造成为市场经营主体的一种行为过程和趋势。它是

解决政府举办高等教育的沉重负担和提高办学效益的一种新的举措和尝试，旨在提升高等教育的效率与品质，增强国家在国际的竞争能力。

在我国，在高等教育领域推行市场化将促使高等学校系统从权力分配、管理运作到教育内容安排等全方位的再建构，从而引起高校学生事务管理的重大变化。

（一）高等教育市场化带来的机遇

高等教育引进市场机制，实现资金来源多元化，可以优化高校学生事务管理资源配置，为学生事务管理实施一流服务提供客观条件。

伴随高等教育市场化的推进，高校作为市场的主体参与竞争，各高校之间、普通高校和民办高校之间在生源、就业市场等方面的争夺日趋激烈。学生事务管理水平的高低是衡量培养高素质学生的重要因素，学生素质的高低决定学生在学业完成后能否充分就业，而能否充分就业又对学校的生源形成直接影响。良好的学生事务管理运行需要大量的现代设施和设备、需要足够的财政经费的支持。因此，在激烈的市场竞争面前，各级政府与各个高校都更加重视学生事务管理，并加大了对高校学生事务管理经费投入，积极改善学生事务管理的硬件和软件条件，以营造良好的管理环境。

另外，在高等教育市场化进程中，高校学生事务管理机构也可以吸收和利用外部资源。在美国这样高度成熟的市场社会里，纳入学生服务范围的事务通常按照市场规则和市场规律、采取合理收取学生事务专项杂费的方式。

自改革开放以来，我国社会财富有了显著增长。高校学生事务管理机构可以依托我国素有尊师重教的优良传统，充分利用自己的社会资源（校友、朋友、学校声誉、国家政策等）面向社会寻求资金和资源支持，如设立奖学金、学生活动、设备等项目经费捐助、无偿让学生使用企事业单位相关设施和仪器、支持学生进行社会实践活动等，从而改善学生事务管理的物质条件。

（二）高等教育市场化带来的挑战

高等教育市场化的推进，对高校学生事务管理已有理念、体制与模式带来巨大的冲击与挑战。

在高等教育市场化条件下，学生不仅是单纯的受教育者，而且是“经济人”，成了教育的购买者、委托方，成了自己利益的直接代言人。作为高等学校的“公民”和顾客，大学生既是投资者又是消费者。作为学校来说，提供优质教育和服务，满足学生和家长的教育需求成了中心工作，学校必须通过提高办学效率、降低办学成本、扩大社会影响、注重社会对人才的需求、提供优质服务，提高人才的社会竞争力，吸引优质生源。可见，高校学生事务管理能否为学生提供良好的服务，最大限度地促进受教育者的身心素质的发展，已成为高校学生事务管理突出的现实挑战。

市场经济的成本、效益和竞争等游戏规则，必然要求高校学生事务管理强化服务意识，拓展工作内容，建立起符合市场经济发展要求的学生事务管理服务机制，并在服务中实现引导，在满足学生需求的同时实现教育管理目标。因此，高校必须改变原来的学生事务管理的着力点，从过去管理学生为主，转到为学生服务、为学生提供帮助、为学生解决困难为主上来。学生事务管理的根本任务是为学生成长成才提供最大优质服务，为学生的个人发展搭建平台。高校学生事务管理必须从学生需求出发提供服务指导，学生事务服务应逐步形成相对独立的工作领域，并在机构设置上体现为专门化，在功能上体现为综合化，在人员构成上体现为专业化。

四、高校学生的新变化带来的机遇与挑战

当今的大学生是伴随我国的改革开放而成长起来的一代，社会经济的高速发展、各种思潮的不断涌入、互联网等高科技媒

体的蓬勃发展、社会转型期文化意识的强烈震荡、高等教育改革的日益深入,使大学生的思想和心理受到了很大的冲击。在这样的时代背景下,高校学生群体自身出现了前所未有的新变化、新特点,这些变化与特点对高校学生事务管理产生的影响可谓利弊共存。

(一)高校学生的新变化带来的机遇

改革开放以来,高校学生发生了可喜的变化,这在无形中增强了高校学生事务管理者的信心,进而促进高校学生事务管理的更好发展。

改革开放以来,我国的经济得到了快速的发展,政治形势逐渐稳定,综合国力越来越强,由此国际地位也得到了很大的提高,在这样的大背景下,我国的高校学生都发生了新的变化:他们的爱国热情和民族自豪感得到了极大的增强,具有较强的政治觉悟和社会责任感,人生价值取向积极向上,务实进取,有较强的竞争意识和自强精神。此外,随着社会竞争日益加剧以及受社会多样化趋势的影响,大学生更加注重自身素质和个性发展,参与社会活动的热情增加,许多学生在重视专业知识学习的同时,乐于从事一定的社会活动以提高自己的能力。高校学生对交费上学、毕业后自主择业等高等教育改革举措也已从心理上适应。总之,当代大学生思想政治状况积极、健康、向上,主流是好的。他们胸怀远大理想,勇于自立自强,乐于接受新生事物。与此同时,他们身上的独立性、多元性和差异性也越来越突出,这些都在一定程度上会增强高校做好学生事务管理的信心。

(二)高校学生的新变化带来的挑战

当代高校学生由于受各种因素的影响,出现了一些值得高校学生事务管理重视的新变化、新特点。这些都对高校学生事务管理产生了一定的挑战。

1. 学生成分复杂化

我国高等教育大众化进程的迅速推进彻底打破了精英时代办学模式单一、学生种类单一的局面，使高等教育的办学层次更加丰富，学生种类多样化。很多高校多层次、多形式、多校区办学，同一学校有本专科生，也有研究生；有公办学生，也有民办二级学院学生；不同校区学习生活条件和校园文化氛围不一样。同时，2001 年国家取消高考年龄、婚否等条件的限制，已婚育龄学生越来越多，高校学生将由不同年龄结构、成就取向、生活阅历、心理个性等多层次的人员组成。同一教室上课的学生生活阅历大相径庭，他们的世界观和人生观层次不一样，他们对自我的要求意识和学习的目的性就呈现出多种不同的层次。此外，我国独生子女、单亲家庭子女、贫困家庭子女等比例也日趋增多。由于上述变化，使高校大学生群体存在着层次性，学生的需要目标也是多层次的，因此高校学生事务管理需要设立各种不同层次的目标激励和满足学生的不同要求。

2. 学生价值观多元并存，并日趋务实

从价值观角度来看，在当前改革开放和发展市场经济的新形势下，当代高校学生价值观发生了历史性转变。由一元价值观信仰转向多元价值观信仰，出现了多种价值观并存的格局，价值及价值观的相对性和层次性显著增强；由以理想主义为基本特征的价值取向转向务实求真的价值追求；由重义轻利的传统价值观转向利义并重的现代价值观；由过去的集体本位价值观转向重视个人利益、权利和权益的价值观。而且随着改革开放的不断深入，越来越多的大学生自主、竞争、公平、效率等时代意识增强，开始追求进取务实的价值选择。这些变化要求高校学生事务管理应更具说服力。

3. 学生压力增多，心理问题突出

从中国的社会和文化特点来看，大学生是一个承载社会、家长高期望值的特殊群体，自我定位比较高，成才欲望非常强，心理承受力又弱，挫折感强。这种特殊的成长经历又形成了其他国家少有的大学生群体特殊的精神、情感、心理等特殊问题。在新的社会条件下，高校学生面临着学习压力、经济压力、就业压力等，有的学生思想负担过重，心理健康问题突出。

4. 生源上的贫富差异

高校收费制度改革，使农民和下岗职工等弱势群体的子女上学难度增大。贫困学生的生活、学习问题，能否顺利完成学业、就业、学生中消费水平的贫富差异及由此引发的思想问题已经成为当前高校不可忽视的重要问题，也日益成为影响高校校园稳定的重要问题。

总之，随着高校办学的社会环境不断变化，高校内部管理体制改革的不断深化及高校学生群体素质、观念、思想状况的变化，高校学生事务管理的内涵也在不断变化，时代赋予高校学生事务管理新的功能，也对其提出了更高的要求。

五、高校后勤社会化改革带来的机遇与挑战

所谓高校后勤社会化，就是将后勤的服务经营活动从学校事业管理体系中分离出来，通过分流与重组，纳入社会主义市场经济体制，剥离学校办社会的职能，建立由政府主导、社会承办、学校选择的满足学校办学需要的、社会化的后勤第三产业和社区服务体系。它的逐步推行使我国高校学生事务管理面临许多新的机遇与挑战。

（一）高校后勤社会化改革带来的机遇

高校后勤社会化改革打破了制约高校发展的瓶颈，促进了高等教育的迅速发展，也使高校学生事务管理迎来了新的发展机遇。

从2000年起，全国绝大部分地区逐步推行高校后勤社会化。它使高校改变了后勤服务模式落后、后勤改革滞后、后勤负担沉重的状况，实现了高等教育办学模式的重大转变，为高等教育的发展提供了坚强的物质保证和动力支持。尤其是实行BOT模式的后勤社会化改革，投资的企业和社会集团进入学校参与管理，逐步实现了后勤的社会化、管理的企业化、运作的市场化和商品的服务化，学生的学习、生活条件都得到了改善，为加强学生事务管理创造了许多有利条件和机遇。

（二）高校后勤社会化改革带来的挑战

高校后勤社会化改革的逐步推行使学生管理面临许多新问题和新挑战。高校后勤社会化改革，彻底打破了学校与社会之间的围墙，促使大学生的生活环境社会化，学生事务管理体制逐步从以学生班级管理为主转向以学生社区管理为主，它在一定程度上促使学校减少了对大学生行为的约束力。而一旦校园封闭式的生活习惯被打破，学生的社交、娱乐、学习、社会工作便会逐渐走出校园、走向社区和走向社会，各种社会问题也会涌入校园。因此，传统单一的学生事务管理机制已无法面对和解决高校后勤社会化改革带来的各类新问题和挑战。

六、小康社会与和谐社会战略目标的确立带来的机遇与挑战

（一）小康社会与和谐社会战略目标的确立带来的机遇

小康社会与和谐社会战略目标的确立带来的机遇体现在以下两个方面。

一方面，党和国家高度重视高校学生事务管理工作。全面建设小康社会、和谐社会对高等教育提出了新的使命——为全面建设小康社会、和谐社会提供人才和智力支持。党和国家将教育放

在全面建设小康社会、和谐社会的全局之中，把促进人的全面发展作为全面建设小康社会、和谐社会教育奋斗目标的有机组成部分，并赋予了教育新的时代使命。作为高等教育有机组成部分的高校学生事务管理，日益受到党和国家的高度重视，我国相继颁布了关于大学思想政治教育、心理健康教育、贫困生资助、毕业生就业、工作队伍建设的一系列法规文件。这些不仅表明了党和国家对我国高校学生事务管理的高度重视，而且也为我国高校学生事务管理在21世纪为构建小康社会、和谐社会做出应有贡献提供了政策依据与创新起点。

另一方面，小康社会、和谐社会发展战略为我国高校学生事务管理提出了新的人才素质培养的目标定位。国家经济和社会建设目标是我们确立教育目标、更新教育理念等的现实依据。当前，这一目标主要体现在我国全面建设小康社会的战略目标及和谐社会的建设任务中。教育推动社会发展是通过培养适当的人来实现的。根据小康社会、和谐社会目标，这种人才素质就是具有民主、法治意识和能力的人；崇尚社会公平、具有正义感的人；热爱生活、能够与人协作的人；具有环境保护意识和持续性发展观念、能够与自然和谐相处的人。大学生是祖国的未来和希望，是全面建设小康社会、和谐社会的生力军和建设者。高校学生事务管理只有站在全面建设小康社会、和谐社会的高度，认真地审视当今复杂多变的国际国内形势，才能把学生培养成具有与社会主义市场经济相适应、与社会主义法律规范相协调、与中华民族传统美德相承接的社会主义思想道德品质的新人；才能真正用“三个代表”重要思想引导学生树立正确的世界观、人生观和价值观，培育学生的民族精神，培养“诚实守信”的道德风尚、创新精神与实践能力，提高学生的市场竞争能力。这是时代对高校学生事务管理创新的呼唤与必然要求。

（二）小康社会与和谐社会战略目标的确立带来的挑战

一方面，小康社会、和谐社会发展战略对我国高校学生事务管理现有理念提出了挑战。从本质上讲，教育是使人成为人的过程，是培养人的活动，是属于人自身的再生产范畴。正如康德所说，“人只有通过教育才能成其为人”，“人完全是教育的结果”。实现人的价值应该是高等教育的本质要求。传统的高校学生事务管理所主张的以服从、整齐划一、效益优先为特征的管理价值取向产生于物质生产领域，与教育的本质相矛盾。全面建设小康社会、和谐社会的教育需求则内含着高校学生事务管理新的价值取向。进言之，全面建设小康社会、和谐社会是一个包括物质文明、精神文明和政治文明在内的、促进人的全面发展的现实目标。高校学生事务管理是学校工作的重要组成部分，应主动适应小康社会、和谐社会教育的根本需求，确立“以人为本”的管理理念，把围绕学生成长和成才，促进学生全面发展作为学生事务管理的根本出发点、落脚点。

另一方面，小康社会、和谐社会发展战略对我国高校学生事务管理制度提出了挑战。学校教育与社会制度文化之间存在的互动关系表明，一方面，社会制度和文化对于学校教育是一种包容性、强势的存在，它对教育具有全面的影响，决定着学校教育的基本的制度安排。另一方面，学校教育对于社会制度和文化具有反作用。学校教育与社会制度、文化的关系决定了高校学生事务管理要有效地推进小康社会、和谐社会的建设，必须依照小康社会、和谐社会目标，对现有制度和文化进行革新。这种新的制度和文化基本的价值内核应该是民主的、法制的、平等的、公平的、合作的、协商的等，它应为学生的健康成长与全面发展创造条件，而不是为了管理而管理。任何管理制度与活动在某种程度上都代表着一定的人与人之间的关系，管理的本质就是如何对待人。高校学生事务管理的终极目标应是使人成为人，让学生成为他自己灵魂的工程师。

高校学生事务管理要有效地推进小康社会、和谐社会的建设目标，不能仅停留在思想观念层面，要向制度层面转化，通过制度建设来“固化”现代的学生管理观念。这就要求新形势下的高校学生事务管理必须从小康社会、和谐社会发展战略的需要出发，将现代大学的学生事务管理理念与精神制度化，并建立起真正意义上的现代大学的学生事务管理制度，包括学生事务管理的决策、实施、评价等运行机制及相应的制度环境。建构我国高校现代学生事务管理制度要体现现代大学的文化特征，要具有"合法性"(即高校学生事务管理制度的制定要以国家的《宪法》《教育法》《高等教育法》以及其他相关法律为依据)与"合理性"(即高校学生管理制度的制定一定要符合高等教育的规律，符合高等教育的管理规律，符合大学生的身心健康和人的全面发展的规律)，要体现"公平性""竞争性"，并从根本上反映小康社会、和谐社会发展战略的需要。

第二节　国外高校学生事务管理对我国的启示与借鉴

高校学生事务管理是由高等教育的性质和宗旨决定的，同时受国家意识形态、政治经济制度和历史文化传统的深层制约。我国与国外的高校学生事务管理在发展中呈现出极大的不同，国外先进的管理理念和丰富的经验也为我国的高校学生事务管理带来了极大的启示和借鉴。

一、我国与国外高校学生事务管理的差异性

(一)管理理念

从国外的高校学生事务管理的发展历程来看，自由平等和人本主义这两大思想都在其中发挥了重要的作用。在国外的高等教育中，"以人为本"一直都是其价值取向，贯穿了其教育的整个过程。在国外的各大高校中，在对学生进行事务管理的时候，都

会比较尊重学生的感受，尽量满足他们个性化的需求，给予他们足够的自主权，而且在管理过程中特别注重管理者与学生的交流沟通，让学生最大限度地参与管理，进行自我教育。

在我国，一直以来，高校学生事务管理的理念强调的都是“社会本位”，管理理念重点强调的是对学生进行社会意识形态的引导，在事务管理的过程中，对于学生的主体性并没有给予足够的关注，也没有创造良好的环境让他们进行自我管理和自我教育。同时，在我国的高等教育中，因为一直以尊师重教为基本理念，所以对学生的要求大都以顺从为主，对学生不会进行个性化的服务。

（二）管理内容

在国外，高等教育有一个任务就是要为学生提供一套较为全面的囊括课堂内外的服务项目，在对学生进行学术教育的同时，也没有忽视对学生社会参与能力和自主性的培养，比较重视二者之间的互补，对于教育管理的意义和效果格外强调。

在我国，高等教育的中心和重点一直都是教学，所有的一切都是为教学服务，学生事务管理自然也不例外，由此，造成了学生事务管理与教学活动结合不够的后果。在学生事务管理方面比较死板，不具备灵活性，也不能很好地激发学生的积极性和创造性，更会压抑学生的自主意识。

（三）管理机构设置

在国外，高校学生事务管理部门是直接面向学生的，相对来说处于比较独立的地位，几乎所有的高校在学校高层行政领导中都设有学生事务管理负责人，学生事务管理负责人下辖若干分支机构，这些机构分别处理不同的学生事务，功能高度分化并且直接面对学生独立开展工作，是一种多头并进的条状运行模式。在这种模式之下，学生的参与度是比较大的。

在我国的高校学生事务管理过程中，有一个非常突出的特点，那就是政府行政导向比较明显。上面的领导机构有教育部和省教育厅等，它们对事务管理有很大的行政干预权，而在高校内部通常采用的是二级管理体制，学生工作在校院两级进行，条块结合、网状运行，这样一来，行政性是比较强，但在这种管理模式之下，学生只能自己适应和被动接受，并没有什么主动参与权。

（四）管理队伍建设

在国外，高校学生事务管理有很长的发展历史，在发展过程中，他们对于这些管理人员渐渐形成了很高的要求，要求其必须具有很强的专业性，注重打造具有真材实料的专业管理队伍。具体而言，根据岗位职责的不同，可将学生事务管理人员由高到低分为三个层次，通常初级岗位的人员具备心理咨询、学生事务实践、学生发展等方面的硕士学位；中级层次的管理人员拥有相关领域的硕士、博士学位，有的则是学生事务管理专业取得硕士、博士学位的专家；高级管理人员不仅要具备专业的知识，还需要有丰富的学生管理实践经验。所有学生事务管理人员都要经过专业协会的职业培训和高校相关专业的学习，对人员的聘任和提升也有明确的要求。

在我国，对学生事务管理人员最重要的一个要求是要有过硬的思想政治觉悟，对于学历则没有更多更明确的要求，而且学生事务管理人员也不曾受到专业系统的管理培训。而且通常来讲，这些管理人员除了要管理学生事务之外一般还会有别的职责在身，长久来看，不利于学生事务管理工作的改进和完善。

（五）管理制度保障

西方高校学生事务的一个显著特点就是有法可依，依法管理。学校按照政府的法律，依据本校实际制定学生事务管理的规章制度，并以此规范学生的行为，实现有效管理。美国的主要规章制度有《美国高等学校学生事务管理人员行为规范》《美国高等学校学生事务管理人员伦理标准》《高等院校学生事务管理、学生服务手册》等，这些规章制度严格而明确。在美国，高等教育学生事务管理委员会每年召开年会研讨、交流学生事务管理。政府的教育行政法规对学生事务管理的具体实务约束较少，但校方的规章制度相对详细和规范，体现了高校自主办学的基本教育方针；在我国，随着高等教育的不断发展，高校学生事务管理受到政府和学校的高度重视，学生事务管理的规章制度不断得到完善，在学生教育和学生管理中发挥着重要的作用。

我国的教育行政法规较为详细，对高校约束力较强，涉及高等学校学生管理的法律法规主要有《中华人民共和国高等教育法》《高等学校学生行为准则(试行)》《高等学校校园秩序管理的若干规定》《关于进一步加强高等学校学生宿舍管理的通知》等，对维护高校正常的教育教学秩序、促进学生全面发展有着重要的指导意义，体现了在转变管理职能、依法扩大高校办学自主权方面的进步。高校内部根据形势的发展和专业化的要求，也在加强规章制度建设，但规章制度体系不健全，程序不明晰，还需进一步完善。

二、国外高校学生事务管理对我国高校学生事务管理的启示与借鉴

各国高校学生事务管理模式在发展过程中的成功经验，对我国未来学生事务管理建设有非常重要的启示与借鉴意义，具体体现在以下几个方面。

(一)探索符合我国国情的管理模式

已有的各种学生事务管理组织模式在其发展演变的过程中，大都遵循一个普遍的规律，那就是它们都是从各自所处的具体环境出发，逐渐形成了与其环境相适应的组织形态。我国的学生工作建设当前正正处于转型时期，虽然可以借鉴国外先进丰富的管理经验，但是要注意不能简单地套用任何一国的具体模式，应从我国具体的国情出发，依照学生事务管理组织自身的发展惯性以

及其与高等教育体系的关系，探索出一条具有中国特色的学生事务管理的发展道路。

（二）加强队伍建设，提升专业水平

国外的内部事务型学生事务管理组织有一个非常明显的特征，那就是高度的专业化，专业化不仅体现在管理内容和专业化的分工上，更体现在其管理队伍的水平上。国外的高校大都拥有一支专业的学生事务管理队伍，这与我国目前通行的学生工作的综合负责制有很大的不同，比较来说，我国需要向国外学习，改善固有的管理模式，从机构和人员两方面入手，增强其专业水平。

除了专业化的分工外，内部事务型学生事务管理组织的从业人员一般都具有一定学位、拥有相关专业知识背景。而我国的情况却有很大的不同，在我国，从事学生事务管理的工作人员并不是专业的，他们也没有将事务管理视为一种正儿八经的职业，对它没有正确的认识，这就使得他们的工作得不到改善和提高，而且导致高校学生事务管理人员流动极为频繁，工作队伍比较涣散。在这方面，我国可以借鉴美国的经验，开辟学生事务管理专业，以学生事务管理为依托，借鉴教育管理、咨询、临床心理学和社会工作等学科的理论和方法，培养专门的学生事务管理人员，逐渐形成一条为学生事务管理输送人才的成熟渠道。

（三）坚持“以学生为本”的管理理念

从国外的高校学生事务管理的发展历程来看，不管是外部事务型还是内部事务型，或者是内外混合事务型，都有一个共同的特点，那就是管理的核心理念一直都是“以学生为本”。

我国关于学生管理工作的理念经历了一个不断探索和发展的过程，一开始，是“学校本位”“管理本位”，随着时代的变化、社会的发展、高校的具体情况变化，逐渐发展到以学生为中心的“学生本位”。但是，需要注意的是，在实际的管理工作中，“学生本位”的管理理念贯彻的并不彻底，还有很大的发展空间。国外高

校学生事务管理坚持“人本化”服务理念，真正以学生发展为中心，把学生的实际需求作为学生事务的出发点和落脚点，体现出一切为了学生、为了学生一切的价值取向，值得我们学习和借鉴。具体而言，需要从以下几个角度入手。

首先，要把促进学生全面发展作为学生工作的指导思想，把“立德树人”作为学生工作的核心任务，把培养德、智、体、美全面发展的社会主义建设者和接班人作为学生工作的终极目标。

其次，要提供更加全面、更加持久、更加精准的学生服务。

最后，要改进工作方式。一方面要推动开放式管理，进行开放式管理不仅可以吸引更多的学生主动地参与到管理工作中来，而且可以与学生进行民主平等的交流，进一步确定学生的主体地位。另一方面要注重分类教育、隐性教育和网络教育。分类教育就是能够合理依据不同学生的个性特点、兴趣爱好和实际需求，提供更多更好的教育资源，采取分类分层教育培养。隐性教育指的是把思想教育融入学生的日常生活、学习、工作中，实现潜移默化的教育功能。网络教育就是要积极运用现代化教育信息平台，注重线上教育与线下教育相结合，实现教育手段现代化。

（四）关注高校宿舍管理

我国高校的学生事务管理的重心一般都被放在班级管理上，在新时期，这一重心应该有所改变，应该将目光放到跟课堂同样重要的宿舍中去，实现对学生的双向管理。美国的学生管理体制整体呈现出条状的扁平结构，这种结构不仅可以在很大程度上提高管理的效率，而且可以极大地提高管理的效益。这种模式对我国高校学生事务管理有极大的借鉴意义。一方面，在学分制条件下，不仅班级和年级的概念会被打破，系和专业的概念同样也不再是局限的了，在这种情况下，宿舍就变成了学生较为固定的活动空间，由此，学生工作的重心必然要逐渐向学生宿舍转移。另一方面，宿舍实际上是学生课堂的延续，可以称为第二课堂。从时间上来说，学生待在宿舍的时间一般要长于待在教室的时间；从空间上来说，宿舍不仅是学生生活和休息的场所，也是他们探讨学习、获取信息、交流思想的地方。宿舍的氛围会对学生的价值观和人生观的形成变化造成极为深远的影响，而且，宿舍是学生冲突和纠纷易发的地方。因此，学生宿舍是思想政治工作的一个相当重要的阵地，应该很好地去发掘和占领，通过对学生宿舍的科学管理，加强对学生的思想政治教育。

（五）进一步构建学生工作"高效化"机制

我国高校学生工作管理体制实行的是二级管理，学校设有宏观的管理中心，在各个二级学院的辅导员负责不同的工作内容，这种管理机构的特点是以二级学院为单元进行块状化的管理。这种体制有着明显的优势，那就是管理重心下移，覆盖面较广，可以化整为零地进行管理。这种体制也有明显的缺点：层次多固然可以较为全面地进行管理，但是这样一来，信息的传递难免缓慢进而造成工作效率低的后果。在这方面，我国可以借鉴美国的管理机制，美国高校学生事务管理机构只设置在校级层面，直接面对学生服务，且机构健全、层级分明、内容丰富，实行的是扁平化的一级管理，推行的是条形化运行模式。其优点非常明显：层级少、成本低、信息传递快、效率高；项目分工明确，成员工作单一，专业化程度高；组织内扁平化运行，运转形式灵活，能快速反应，便于进行双向沟通。借鉴美国学生事务管理运行机制，有利于完善我国高校学生事务管理"高效化"机制构建。

第三节　国际视野下我国高校学生事务管理的革新

没有创新，就没有进步，也就没有发展，在新时代各种机遇和挑战面前，我国高校学生事务管理要想得到切实的发展，就必须进行革新，展望未来，我国高校学生事务管理将呈现出如下的革新趋势。

一、高校学生事务管理人本化

（一）高校学生事务管理人本化的必要性

高校学生事务管理人本化指的是在事务管理的过程中，要坚持以学生为本，坚持所有的管理与服务都围绕学生展开，对于学生的个性发展给予足够的空间和支持，尽可能地发掘出每一位学生的潜能，给他们创造良好的成长学习环境，为他们的全面发展奠定坚持基础。

高校学生事务管理人本化不仅是当前高校学生管理改革提出的时代要求，也是符合高校学生管理发展演变的内在规律的，人本化是新时期的一种趋势，高校学生事务管理化有利于我国高校学生事务管理模式的转型发展和可持续发展。

（二）高校学生事务管理人本化的具体表现

第一，实现高校学生事务管理人本化，就是要求学生事务管理凸显学生的主体性作用，确立促进学生的主体性发展的管理模式。

第二，实现高校学生事务管理人本化，就是要求学生事务管理突破“以教师为中心”的传统管理理念，树立“以学生为中心，以服务为本位”的新理念。

高校学生事务管理人本化是一种以学生为中心的管理思维方式与文化价值取向。它具体体现在是高校学生事务管理中一切尊重学生（需要、个性、能力），一切依靠学生，一切为了学生和一切服务于学生。充分尊重与满足学生个性发展的愿望和要求，为学生提供成长成才的良好服务与环境，最大限度地发掘每一位学生的发展潜能，实现每个学生的全面和谐发展。

二、高校学生事务管理民主化

(一)高校学生事务管理民主化的必要性

民主是现代社会进步的重要标志,民主化是现代教育的发展趋势。高校学生事务管理民主化是指高校学生事务管理遵循民主化原则,实现管理程序、管理手段、管理方式等民主化的过程。它是高校学生事务管理发展本身的要求,也是高校学生事务管理实现善治的基础。

长期以来,由于历史与体制等方面原因,我国传统的高校学生事务管理模式存在着一个严重的弊端,即往往较多地强调管理的行政性倾向,管理者过度依赖“自上而下单向度输出”的科层式管理模式,管理者和学生是上下级的关系,学生参与的积极性受到压抑。如今,以启发、弘扬和发展人的主体性为主体的教育思想的系统变革正使高校学生事务管理的学生观发生着悄然的变化,学生是学生事务的直接承担者,是学校各种与学生有关的决策的执行者,也是学生事务治理的主体之一。推进学生参与和学生自治不仅是高校民主管理的要求,也是高校学生事务管理实现善治的现实基础。

(二)高校学生事务管理民主化的具体表现

高校学生事务管理民主化具体表现在如下三方面。

第一,要明确学生是高校学生事务管理的出发点和归宿,确立学生的权利与学生参与的原则与范围。正如联合国教科文组织发表的《二十一世纪高等教育:展望行动世界宣言》所指出的:“在当今这个日新月异的世界,高等教育显然需要有以学生为中心的新的视角和新的模式,要求国家和高等院校的决策者应将学生视为高等教育改革的主要的和负责的参与者。这应包括学生参与有关高等教育问题的讨论,参与评估,参与课程和教学方法的改革，并在现行体制范围内，参与制定政策和院校的管理工作。”

第二，应建立对话协商制度，增强高校管理层与学生双方的责任感，并促进双方相互了解、相互尊重，通过协商来解决冲突与矛盾。

第三，进一步完善高校学生申诉制度。虽然我国已出台了一些关于学生权利救济机制的规定，但还需在一些方面予以改进，如建立完整的学生申诉体系；建立一系列的与申诉制度有关的其他制度，如申诉过程应采取司法程序中的回避制度、听证制度、陪审团制度；逐步实现高校学生申诉制度的程序公正等。

总之，高校学生事务管理民主化已是世界高等教育管理发展的一大趋势，并将很可能成为全球大学的共同特点之一。

三、高校学生事务管理专业化

高校学生事务管理专业化的过程就是提升高校学生事务管理者职业群体社会地位的过程。可以说，它不仅是大势所趋，更是使我国高校学生事务管理解除痼疾、步入新台阶、获得新发展的必由之路。其发展主要体现在如下五个方面。

第一，理念是行动的先导。要坚信学生事务管理专业化实现的客观必然性，前瞻学生事务管理的动态和专业化发展趋势。高校学生事务管理转变观念，形成正确的认识和科学定位，是实现其专业化发展的关键。

第二，学科化是实现学生事务管理专业化的基础。在高校设立学生事务管理的专业及学科，不仅可以为这一职业领域的研究者和实践者提供学术研究和理论探讨的平台和空间，推动学生事务管理的理论研究和学术水平，而且可以通过学科培养来发展从业人员的专业知识与技能，为学生事务管理水平在“质”和“量”的提高上创造条件。

第三，管理工作岗位的职业化是实现学生事务管理专业化的前提。

第四,队伍专业化是实现学生事务管理专业化的保证。

第五,工作内容、制度体系的科学化是实现学生事务管理专业化的根本。

总之,未来高校学生事务管理模式的建立,必须以专业化发展作为发展的重要根基及前进的指示标,必须通过树立科学认识、构建知能体系、推动学科建设、强化制度建设、加强队伍建设、拓展工作领域以及组建专业组织等方式和途径,努力推动我国高校学生事务管理走上专业化的发展道路。

四、高校学生事务管理信息化

(一)高校学生事务管理信息化的必要性

高校学生事务管理信息化是指在高等学校学生事务管理的过程中,借助丰富的信息资源和高超的技术手段,对学生事务管理的规范化、标准化的信息进行及时的处理和共享,借以改进管理组织结构,改善管理运行机制,使得学生管理工作在便利性、高效性、科学性方面都得到极大的提升,进而实现高校学生事务管理目标的系统建设。

21世纪是信息化的时代,网络技术的快速发展让当今世界变成了一个小小的地球村,信息化已经成为各个行业不可避免的趋势,在教育行业自然也不例外,教育信息化已成为世界各国教育改革的重点,学校是否建立了校园网站,或校园网站所提供的信息类型和服务项目,甚至校园网站本身设计技术的优劣、网页界面的美观与否,已然成为衡量一所学校校园信息化程度和社会声誉的一个重要标志。高校学生事务管理信息化也将成为我国高校学生事务管理体系中不可缺少的重要组成部分。

(二)高校学生事务管理信息化的具体表现

未来我国高校学生事务管理必将通过信息化建设,建立起学生管理信息平台，包括教学文件管理、教学计划管理、招生管理、选课管理、学习成绩管理、课程编排、教室调度、考试管理、考试试卷和分析、教材管理、教学评估、课程评估、毕业分配、档案管理等子系统，覆盖学生管理的所有领域，为实现对学生事务管理工作的整体监督和管理提供强有力的信息支持，并通过学生管理信息平台的功能模块化，从而使信息平台的功能更紧密地结合实际工作，从而创造出有时代特色的学生事务管理，展示出学生事务管理信息化的新风貌。

五、高校学生事务管理和谐化

（一）高校学生事务管理和谐化的必要性

和谐一词，蕴含的意义十分丰富，包括政通人和、和衷共济、内外和顺、和睦相处、协调有序等。高校学生事务管理和谐化是指使高校学生事务管理组织各要素间的关系处于一种相互融洽状态的实践活动。其内涵在于要素与要素、要素与系统、系统与环境之间关系的协调、力量的平衡、过程的疏通、争斗的扬弃、性能的优化。主要包括和谐的学生事务管理目标确定、和谐的学生事务管理方式创设、和谐的学生事务管理队伍建立、和谐的师生关系构建、和谐的学生事务管理环境营造等内容。

从整体上来看，高校学生事务管理是一个融合了多种因素的有机集合体，学校是一个复杂的系统，里边包含着人、财、物等各方面的因素，这些因素之间互相联系、制约，在各自的层面各自发挥作用。依靠事务管理，可以将这些因素结合起来，进行搭配合作，构建和谐均衡的整体。高校学生事务管理要和谐化是兼收并蓄、融汇中国传统文化所强调的“天人合一”、人与自然的和谐思想与西方系统理论的产物，是我国和谐社会发展的一种必然体现。

（二）高校学生事务管理和谐化的具体表现

高校学生事务管理和谐化具体表现在如下方面。

第一，确定和谐的管理目标。目标是管理的起点，也是管理的最终目的，更是最重要的战略决策，它规定着管理活动的方向。因此，高校学生事务管理要实现和谐化，首先就要确定和谐的管理目标，做到学生事务管理目标与高校育人目标的统一，学生事务管理总目标和分目标的协调、学生事务管理系统内部结构、目标、使命的和谐一致，力求学生事务管理与学生成长的和谐，力求学校服务与学生需求的和谐。

第二，创设和谐的管理方法。实施高校学生事务管理和谐化，就是要对管理进行不断的更新，对管理制度进行不断的完善。只有改变高校学生管理中存在的陈旧、单一的教育和管理方法，进行方法创新，才能使学生事务管理方法符合青年学生的实际情况，符合高校学生事务管理内容的实际情况，从而取得良好的管理效果。

第三，建立和谐的管理队伍。高校学生事务管理和谐化需要和谐的管理队伍，它要求高校不仅要着力提高学生事务管理者的素质和专业水平，而且要注意优化管理队伍的结构，使其达到均衡。

第四，构建和谐的师生关系。学生事务管理工作是一项极为复杂的工作，其中主要牵涉的对象就是学生事务管理者和学生，学生事务管理者与学生双方相互影响，他们之间的关系如何，会对管理和教育的过程与结果产生很大的影响。可以说，以师生关系为主的学校人际关系的和谐是实施高校学生事务管理和谐化的必备条件。

第五，营造和谐的管理环境。高校学生事务管理环境是指对学生事务管理产生影响的内部和外部的各种环境因素的总和。学生事务管理环境是学生事务管理系统存在与发展的条件。要加强高校学生事务部门与学术事务部门的合作，为学生建构一个良好的学习环境，它可以使教室内与教室外、学术性与非学术性、课程与活动、校园内与校园外的经验融为一体。

参考文献

[1]陈春莲.基于认知理论的新时期高校学生事务管理模式研究[M].武汉:武汉大学出版社,2016.

[2]周航.高校学生事务管理探索与实践[M].成都:西南财经大学出版社,2016.

[3]李方裕,等.大学生事务管理研究:基于地方高校转型发展的视野[M].成都:西南财经大学出版社,2015.

[4]储祖旺.高校学生事务管理教程[M].北京:科学出版社,2008.

[5]王增国.现代高校学生事务管理理论及案例研究[M].北京:中国矿业大学出版社,2011.

[6]王燕芳.多元视阈下的高校学生事务管理[M].广州:中山大学出版社,2013.

[7]王林清,等.高校学生事务管理规范与服务标准[M].北京:中国文史出版社,2014.

[8]王秀彦,高春娣.高校学生事务管理概论[M].北京:高等教育出版社,2009.

[9]段长远,等.高校学生事务管理工作研究[M].银川:宁夏人民出版社,2008.

[10]张书明.社会工作视野下的大学生事务管理[M].济南:山东大学出版社,2007.

[11]吴惠.顺理举易:高校学生事务管理理论与实务[M].北京:中央编译出版社,2012.

[12]陈怡.论知性—体验式德育[M].南京:东南大学出版社,2014.

[13]沈炜,宋来.大学生全面发展教育:科学发展观视角[M].上海:华东理工大学出版社,2009.

[14]方巍.学生事务管理的流派与模式[M].杭州:浙江大学出版社,2014.

[15]漆小萍.中国高校学生事务管理[M].广州:中山大学出版社,2011.

[16]别敦荣.中美大学学术管理[M].武汉:华中理工大学出版社,2000.

[17]教育部思想政治工作司.大学生管理研究[M].北京:高等教育出版社,2012.

[18]胡卓君.地方高校内部管理创新[M].杭州:浙江大学出版社,2006.

[19]江苏省高等教育学会高校保卫学研究委员会.大学生安全教程[M].南京:东南大学出版社,2002.

[20]姚锡锋,等.大学生安全教育[M].北京:中国时代经济出版社,2013.

[21]侯慧君.高校学生工作内容与机制系统设计[M].北京:经济科学出版社,2009.

[22]王昆来.民办高校学生事务管理研究[M].成都:西南财经大学出版社,2012.

[23]李培俊,等.大学生择业指导概论[M].东营:中国石油大学出版社,1995.

[24]穆亚宏,杨斌.大学生健康教育与健康促进(第3版)[M].西安:西北工业大学出版社,2015.

[25]杨江水.高校辅导员工作专业化探索[M].北京:光明日报出版社,2008.

[26]肖静.独立学院学生工作理论与实践[M].武汉:武汉出版社,2012.

[27]姚孟春,等.高等院校学生管理工作研究[M].昆明:云南科技出版社,2005.

[28]黄永林.教育财会改革探究[M].武汉:华中师范大学出版社,2014.

[29]王京霞.高校后勤工作实践与探索[M].北京:知识产权出版社,2015.

[30]张秉惠,杜志敏.大学生安全教育与训练[M].北京:中国铁道出版社,2014.

[31]秦福利.高等教育成本分担研究[M].北京:北京理工大学出版社,2012.

[32]曹淼孙.我国体育院校学生事务管理模式研究[M].北京:知识产权出版社,2014.

[33]蔡国春.中美高校学生事务管理模式比较研究[M].青岛:中国海洋大学出版社,2007.

[34]李玉华,李景平.高校稳定研究[M].西安:西安交通大学出版社,2006.

[35]尹忠恺,等.高校学生工作导论[M].沈阳:东北大学出版社,2013.

[36]王立国.高校后勤社会化改革理论与实务[M].北京:冶金工业出版社,2008.

[37]肖国安,杨定忠.新时期资助育人工作探索与创新[A].湖南省学生资助研究优秀论文集[C].长沙:湖南师范大学出版社,2015.

[38]雍克勤,焦锋.多元文化环境下的大学生心理健康教育研究[M].兰州:甘肃民族出版社,2012.

[39]唐柏林.大学生心理健康教育[M].成都:四川教育出版社,2006.

[40]王安平.铸魂励教 陶冶化育:西华师范大学德育理论与实践[M].北京:中国文史出版社,2015.

[41]傅真放,等.高等学校学生管理[M].南宁:广西人民出版社,2007.

[42]中国地质大学(武汉)高等教育研究所.大学生发展与学

生事务专业化[M].武汉:湖北长江出版集团,2007.

[43]曾天山,褚宏启.现代教育管理学[M].北京:教育科学出版社,2014.

[44]崔光成.大学生心理健康教育[M].北京:北京大学医学出版社,2013.

[45]李云驰.大学生心理健康管理[M].北京:中国社会出版社,2013.

[46]李莉.高校辅导员专业化发展研究[M].南京:东南大学出版社,2011.

[47]潘国廷.大学生辅导学:基于高校辅导员视角[M].青岛:中国海洋大学出版社,2009.

[48]张茂聪,等.现代大学管理制度改革与创新:国际比较的视野[M].济南:山东教育出版社,2013.

[49]李航舟.社会化背景下高校后勤管理概论[M].济南:山东人民出版社,2007.

[50]陈建勋,李德建,楚国峰.高等学校本科教学质量评估与教学改革项目管理及本科专业优化设置指导手册[M].北京:中国教育出版社,2007.

[51]人民日报评论员.发展必须是遵循经济规律的科学发展——新常态下我们怎样发展(上)[N].人民日报,2014-8-26.

[52]李丹,等.高校学生事务管理存在的问题及对策[J].文史博览,2012(9).

[53]朱炜.发达国家高校学生事务管理比较及其启示[J].黑龙江高教研究,2003(6).

[54]潘秋友.论企业激励制度设计的理论与实践思考[J].中国石油和化工,2009(7).

[55]杜先伟.美国高校学生事务管理对我国高校的启示[J].淮阴师范学院学报(自然科学版),2017(4).